勇敢表達情緒
好好做自己

為何人情世故總讓你心累？

王軼楠 著
世界心理學系百大名校特聘研究導師
中山大學心理學系博士

方舟文化

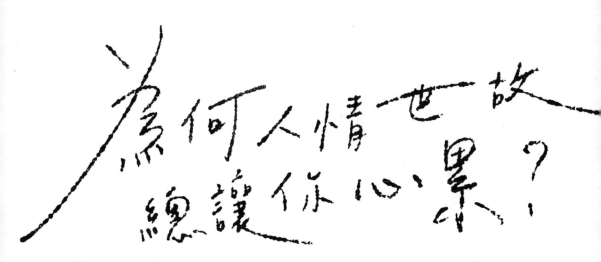

01 我，一個難懂的人

02——加油吧，少年

03

愛與不幸，都是成長

04

我從哪裡來，要到哪裡去

推薦序．諮商心理師、《正向聚焦》作者／陳志恆

迷失方向時，如何找到人生指引？

最近，身旁有不少同是心理專業領域朋友，受邀去各高中職，擔任高三學生甄選入學模擬面試的考官。聽他們轉述，這幾年，對心理領域有興趣，想要進入大學心理相關科系就讀的年輕孩子，似乎愈來愈多。

心理助人工作能被看見與重視，這真的是件好事！

有趣的是，當這些即將去面試的孩子被問起，曾經閱讀過什麼與心理學有關的書籍時，《24個比利》一書竟然一再被提到；似乎，孩子們只知道《24個比利》這本書，而這本書早就已經出版超過三十年了。

這反應了一個現象，這些孩子對心理學有著嚮往，實際上卻對心理學相關知識涉略不足。這不能怪孩子，因為，孩子本來就所知有限。那麼，除了心理學教科書之外，是否有本通俗易懂的心理學入門書，既能扣合生活現象，又能一窺心理學的大概？

很興奮，這本由一群優秀的心理領域大學生合力編著的《為何人情世故總讓你心累？——勇敢表達情緒，好好做自己》就要問世。書裡用年輕人的口吻與視角，把專業的心理學知識，以簡短的篇幅，呈現在讀者面前。易讀易懂，又能發人深省！

我在心理助人領域中打滾，已經超過二十年。從求學到從事多年的實務工作，自始至終，我都認為，得到幫助最大的，就是自己。儘管我是個助人者，常需要為迷惘的人們指點迷津；但卻常意外的獲得更多的人生體悟，轉而成為人生智慧，陪伴我度過許多徬徨、無助或挫敗的時刻。

成長過程中，師長的諄諄教誨，總要我成為一個積極向上的人。從求學到職場，我便兢兢業業的過著每一天。在學校時努力學習獲取高分，在職場則是全力衝刺，賺取名聲與財富。每當想偷懶，或者停下腳步時，內在便浮現自我責備的聲音：

「你怎麼可以如此墮落？」

「你不知道大家都很拚命嗎？」

這些聲音伴隨著我成長，為我換來了學業與事業上的斐然成就；同時，也付出了代價。怎麼說呢？

明明對自己該感到滿意，但卻仍害怕輸給別人，總是活在自認不夠好的狀態中；無時無刻都在向外比較，看到別人才華洋溢、表現卓越，想的不是見賢思齊，而是先感到自卑匱乏、自我否定。在這本書中有提到，這叫做「脆弱的高自尊」。

時間久了，焦慮、暴躁、緊繃、失眠、疲倦等慢性身心困擾一一浮現。長期處在高度壓力下，免疫系統也不堪負荷，便時常感冒、生病，大大影響了工作與家庭生活。

很多人都與我有類似狀況，只是大家沒有說出來而已。

要不是接觸了心理學，我不會去聆聽身體發出的警訊，我也不會去思考，是否要繼續用原有的人生態度去過生活？或者，我該有些調整與改變？這時，我才想起，我需要把對案主的提醒，放到自己的身上。因為，我也是個需要被幫助的人。

因為學過心理學，我知道當前不少心理學者，借用佛家的觀點，提出「自我同情」（self-compassion）的概念，也就是，寬容的看待自己的失敗、缺陷與不足，真誠的面對自己的無力，疼惜自己脆弱的內心。

這麼做，不是放縱自己，更不是放棄自我。而是，在保有覺知的狀態下，撫慰自己的傷痛，欣賞自己的努力，這本身就是「愛自己」的表現。在這過程中，反而會升起一股力量，讓人更加穩定，也有了繼續前行的動力。在《為何人情世故總讓你心累？——勇敢表達情緒，好好做自己》這本書中，有個章節，就是在探討這個重要的人生態度。我也希望，你能提早明白這個道理。

如果你問我，當迷失方向時，如何找到人生指引呢？

我會告訴你，進入心理學中，理解人類行為的真相，你便能找到方向。我是個心理學者，透過心理學的專業知識助人；同時，心理學也救贖了我，更持續做為我的人生指引。而我相信，人人都可以在心理學中獲益。

可喜的是，《為何人情世故總讓你心累？——勇敢表達情緒，好好做自己》一書正是你需要的。每一個篇章，都是從生活中常見的重要議題出發，透過心理學的理論或研究，來回答人生中的各種大哉問。

像是，一個人如何評價自己？家庭如何影響一個人？人在脆弱中如何復原？該如何面對人的劣根性？如何獲得幸福？

品味這本書，不需要從頭讀到尾，你可以挑感興趣的來讀。或者，在人生遇到困頓時，隨意翻開一個篇章，都有可能為你帶來一些有用的提醒。

自序・王軼楠

活得有笑聲、有亮度，從了解「自我」開始

這不是一本心靈雞湯，卻可以讓你收穫很多的成功和快樂；這裡沒有深奧的概念，艱深的語言，卻可以讓你了解經典的自我心理學理論和研究進展。這是北京師範大學自我研究組的師生歷時三年，打造完成的一部貼近華人心理特點的「自我心理學」作品。全書一共分為四個部分：

我，一個難懂的人。古希臘的智慧告誡人們：「人啊，認識你自己。」東方的古聖先賢更是強調「知人者智，自知者明」。現代心理學和科技文明的發展，無不努力讓人們更接近自我的真相，現代人想要活得更清晰、更自尊、更幸福，卻又常常滑入自戀、膨脹和自我妨礙的深淵，而笑過、淚過、痛過之後，方知人生唯有努力自持，方不至癲狂。

我從哪裡來，要到哪裡去。想要真正認識一個人，最好從了解他的原生家庭開始，並不僅僅是因為自尊具有可遺傳性，還因為家庭是個人獲取習慣化心理模式的地方。想要全面認識一個人，最好再聽聽他如何談論未來，因為人既是由過去，更是由未來塑造的。

愛與不幸，都是成長。愛情是迷幻的，也容易讓人迷亂，深陷其中讓人容易喪失自我獨立性，模糊自我與他人間的界限，第四章會告訴深陷戀愛之苦的人們，如何獲得一份安全型依戀的愛情。

加油吧，少年。長大不是痛苦和焦慮的根源，抗拒和拖延才是，努力戰勝對未來的恐懼，學會做自己時間的主人，平衡好工作與休息的節奏，每個人都可以享受工作，享受生活。

全書近四十位作者，幾乎都是來自北京師範大學心理學部的「95」後青少年，他們的語言詼諧幽默，具有時代感，每一篇都既有理論深度，也有對生活敏銳的觀察，正可謂是「江山代有才人出，我輩登臨正少年」。

CHAPTER 01

可能有人說過他搞不懂你
沒關係
反正，他也搞不懂他自己
捉摸不定一直在變其實很正常
此刻，我們只需要再一次廓清自己
從「我是誰」進入到「我知道我是誰」
這個清晰的自我視界

我，一個難懂的人

我，一個難懂的人

愈是孤獨，愈能看見不可撼動的存在

張 湘琳

離群索居者，不是野獸，便是神靈。

——亞里斯多德

「我是誰」是一個終極命題，一場亙古的追問和探尋。從古希臘到文藝復興時代，從德爾菲神廟鐫刻的「認識你自己」到尼采喟歎「離每個人最遠的，就是他自己」，從《梵谷的自畫像》到莫內的《日出·印象》，從你到我，都試圖清晰的定義「自我概念」。

能夠清晰定義自我概念的人，在我們看來，大多是孤獨的。當然，這種孤獨是相對意義上，朋友相對較少的狀態。

在心理學上，將「自我概念清晰」（self-concept clarity，簡稱SCC）定義為個體自我概念界定的清楚程度，及其內部一致性和時間穩定性程度。尼采對於自我的了解非常清晰，他在學術界的嘲笑與質疑中堅守自我，並從未懷疑自己將會名垂千古。

有研究顯示：自我概念清晰有利於個體的心理健康、幸福感、人生意義感以及衝突管理，一言以蔽之，即高SCC使我快樂。另外，研究者發現，適應良好的小學生的自我概念清晰性，高於適應不良的小學生，顯示「社會適應」是自我概念形成的一個影響因素。

但我們知道，自我概念清晰的人並非一直快樂，也並非都合時宜。尼采常提到孤獨，他孤獨而痛苦，孤獨到在杜林的大街上，抱住一匹正在受馬夫虐待的馬的脖子，失去理智，卻仍然沒辦法不孤獨。

有研究支持了這一矛盾想法的來源。研究顯示：只有在與朋友相處時，高SCC者體驗到的快樂感，才高於低SCC者體驗到的快樂感；而在與陌生人相處時，則是高SCC者體驗到的快樂感，低於低SCC者體驗到的快樂感。

研究者認為，高SCC的人對「我是誰」有更嚴格清晰的定義，也就能夠更嚴格清晰的定義誰是朋友、誰是陌生人，最終影響他們的幸福體驗。因此孤獨如尼采，才在察覺到華格納不是自己的朋友時，斷然與之決裂。

在不斷變化的環境和多重角色中，我們不斷經歷著自我概念的分化和整合，這不可避免的帶來生活狀態的新陳代謝，帶來現世生活與理想世界的衝突，帶來同伴壓力。當然，尼采是一個極端的個案，他做為一個德國古典哲學的反叛者，很難在當時代找到同伴。於我們而言，對一部分人的不滿，或者一部分人對自己的不滿，都可能成為當代少年甚至青年，在探索自我時體驗到的焦慮來源。

願我們循著哲人的足跡，勇敢的清晰自我概念，這個過程中體驗到的孤獨、人際衝突、不合時宜，也許正是自我人格完善的信號。

「朋友啊，沒有朋友！」
垂死的聰明人這樣喊道；
「敵人啊，沒有敵人！」
我這個活著的傻瓜這樣喊。

——尼采《人性的，太人性的》
（*Menschliches, Allzumenschliches*）

人生或許無法做到無憾，但請盡量做到無悔。一個人時，善待自己；兩個人時，善待對方。

「自我心理學」的前世與今生

心靈真相只有相對科學，沒有絕對科學

沈　虹伍

很久很久以前，在希臘有一座山，山裡有座德爾菲神廟，廟裡有個石碑上刻著「人啊，你要了解你自己」。一個叫蘇格拉底的禿頂老漢望著這句話，陷入了深深的思考。從此，一門令無數後人在學習中哭爹喊娘的學科——西方哲學，悄悄誕生了。在十萬八千里外的中原，一個騎著牛的花白鬍子老頭在徹底歸隱前，也在竹簡上刻下了這麼一句話：「知人者智，自知者明」。可以說，無論是東方還是西方，有關「自我」的問題，都是涉及哲學形成的起源問題和終極問題。

「了解你自己」這句話看似簡單，實際上非常困難。自一八七九年科學心理學脫離哲學母體成為獨立學科以來，心理學家為了搞清楚人們的「自我」究竟是什麼東西，可謂是連吃奶的力氣都拿出來了。下面讓我們來看看這幫人用了哪些手段來探究這個終極問題。

「夢裡花落知多少」——精神分析學派的「玄學自我」

對於大多數人而言，提到「心理學家」這個詞，腦海中往往會出現一個拿著雪茄、目光深邃、苦大仇深的男人，佛洛伊德的經典形象就是如此深入人心。這位奧地利精神病醫生，提出了第一個系統描述人自我結構的理論，各位讀者想必耳熟能詳，這裡就不贅述了。在佛洛伊德看來，探究自我的關鍵是要搞清楚潛意識的內容，探究手段包括：催眠、解夢、自由聯想。

這些手段有多可靠呢？從佛洛伊德的大作中我們可以略知一二。

曾有一位女士找他解夢，夢到自己出遊一不小心發生事故被火車輾過……佛洛伊德立刻以一種「真相只有一個」的姿態告訴我們：這象徵著性交（見《夢的解析》第六章〈夢的運作〉）。做為一名心理系學生，筆者瞬間摸不著頭腦，佛洛伊德把生育視為生的本能，與死亡有關的意象視為死的本能的體現，這個死亡場景怎麼會跟生育掛上鉤了呢？

請允許我斗膽在此用佛洛伊德的思想來分析佛洛伊德，在《夢的解析》寫成的那個年代，俄國的托爾斯泰寫成了一部大作《安娜．卡列尼娜》，小說的最後，被婚外情人佛倫斯基拋棄的安娜，絕望的選擇了臥軌自殺，也許這就是佛洛伊德靈感的來源吧（我只能幫他圓場到這了）。

總的來說，精神分析學派的思想非常博大精深。以至於榮格在其著作《心理學與文學》裡都承認：「要想解釋原型（自我的底層結構集體無意識的主要內容）是什麼十分困難，每次我一談這個，就會把一半以上的聽眾送入夢鄉。」這樣的「玄學自我」理論第一次提出了很多有意義的問題，比如自我的結構是怎樣的，自我是否包含無意識的部分（這個以後還會提到）。不過他們給出的回答實在不能讓人滿意。他們採用的個案法（限制推廣）和不可證偽（更難以用實驗證實），讓人們在對這一套理論的價值做出評價時，不得不多打幾個問號。

「一二三四五六七」——自己給自己打分數的時代

當佛洛伊德和其學派在歐洲叱吒風雲之時，大洋彼岸的美國人，卻在實用主義的思潮下發展起了心理學科學化。在他們看來，聽佛洛伊德老爺爺給你夢中說夢明顯靠不住，真正的科學心理學，應該建立在數理統計和嚴格實驗基礎之上。那麼問題來了，我們怎麼測出人的心理特質呢？這幫美國人相信世上沒有誰比你更了解自己，於是自陳量表的年代就來臨了。這個方法要求受試者根據自己的感受與看法，回答一系列與心理狀態有關的問題，研究者根據這些回答來判斷受試者的態度傾向。

當前最常見的自陳量表就是李克特量表，各位讀者想必見過不少。這種工具的特點是要求受測者，對每一個與態度有關的陳述語句，表明他同意或不同意的程度。例如：「你是一個有能力的人，你在多大程度上同意這句話？請打分（1非常不同意，7非常同意）」。在多點量表中最常見的是語意差異量表，運用語意差異量表展開語意分析，是美國心理學家查爾斯・奧斯古德（Charles E. Osgood）等人發展的一種態度測量技術，它根據某個詞或者概念，設計出一系列雙向形容詞量表（比如最簡單的「好」對「壞」），請受測者根據對它們的感受理解，在量表上選定相應的位置。

這樣的方法實施簡便、靈敏度高，可以團體進行，可以測驗的內容廣泛，是適合大眾化的態度測評。可以說它讓人們進入了一個可以相對科學研究自我的年代。

不過，心理學家自這個方法誕生開始就發現了很多問題。

首先，在資料分析上，多點量表是什麼樣的量表？很多心理學家出於各種原因（主要是為了研究簡便的需要）認為這是一種等距量表。什麼意思呢？就是他們認為在面對一個對你個人特質的陳述時，各個點之間，比如說「無所謂／不知道」和「有點同意」，「有點同意」和「很同意」，之間相差的「同意程度」是一樣的。這個說法嚴格來說是不成立的。各點只能代表一種相對的大小關係，你只能說同意程度上「很同意」比「有點同意」高，「有點同意」比「無所謂」高，說它們之間差距一樣是不嚴謹的。因此很多時候，這些量表又被稱為「準等距（quasi-interval）量表」。關於這個問題的爭論自多點量表誕生以來就開始了，直到今天，這個爭論還沒有停息的跡象。

此外，填量表的人是否會據實回答也是一大問題。當題目問我們有沒有做過什麼社會認為的「不好」的事情時，或問是否有被社會認為「不良」的特質時，「社會贊許性」往往會讓我們回答不實。畢竟讓人們承認自己是個「不好」的人是非常困難的。除了社會贊許性外，人們很多時候還對自己有錯誤的認知。沒有自知之明的人也是很常見的，比如效顰的東施覺得自己很美，或者一個天天只知道在宿舍打電動的大學生，對自己前途的「迷之自信」，都告訴我們：人要全面正確的認識自己幾乎不可能。除了上述兩個因素外，有的時候，如果量表的題目太多了，評定者還會傾向於選擇固定位點（如中間點），造成量表可信度和有效度降低。

「柳暗花明又一村」——內隱自我研究的興起

心理學家們在研究了大半個世紀的自我後，逐漸靠近了自我的無意識層面。一九九五年，安東尼．格林華德（Anthony Greenwald）等人開創性的提出了「內隱社會認知」這一概念，自尊就包含在其中。在人的腦袋中存在一種意識不到的、自動化針對自我的加工過程。雖然心理學家很早就承認了無意識過程的存在，但如何測量它？這個問題卻遲遲得不到一個滿意的答案。與外顯自尊的不同在於，內隱自尊具有無意識、自動化等特徵，很難通過傳統的自陳量表來測量，只有依賴間接測量的方法。

在二十世紀很長一段時間內，心理學家只能通過投射測驗（如亂潑墨水，然後對圖案進行解釋的羅夏克墨漬測驗）、催眠，來對這種無意識過程進行研究。這種方法可信度低，受研究者主觀影響大，不同研究者即使經過了相關訓練，對同一個被試者的反應解釋也往往不同。

過去二十年社會認知心理學研究中最令人關注的，莫過於用各種新的內隱態度測量方法來研究人的自尊。大量的研究不僅揭示了內隱態度的發生、發展、改變過程和影響因素，還催生了新的態度理論模式，如可以對自尊成分進行解釋的雙重態度模式等。

內隱態度的測量方法，主要有內隱連結測驗（Implicit Association Test，簡稱

ＩＡＴ）及其變式、啟動範式等方法。ＩＡＴ是一種電腦化的辨別分類任務，以反應時為指標，通過對目標詞和屬性詞間自動化聯繫的評估，對個體的內隱態度進行測量。它依據的原理是生理上的神經網路模式。該模式認為：資訊被儲存在一系列按照語意關係分層組織起來的神經節點上，因此可以通過測量概念，在此類神經聯繫上的距離來測查兩者的聯繫。

簡單來說，就是在你的腦子裡以「我」、「別人」這些概念為中心，一系列詞彙如「善」、「惡」、「美」、「醜」被組織了起來。

大量的研究發現：人們廣泛存在一種內隱自尊效應，具體表現為個體傾向於將自我與積極情感和評價相連，將他人與消極情感和評價相連。也就是說，「好」的詞與「我」的語義連結更強，而「壞」的詞與「他人」的連結更強。看來人們內心深處普遍都有「老王賣瓜」的心態呢。內隱自尊的測量方法還有一大優點，是它經常可以和腦造影、腦電圖結合起來，探究人腦在加工自我時，極為精細的時間過程和腦區位置。

內隱自尊和外顯自尊的關係是怎樣的呢？很多研究發現兩者的相關程度很低，許多看起來自我感覺良好的人，可能反倒有一個消極的自我觀。與深思熟慮的外顯自尊不同，內隱自尊似乎更常建立在直覺的連結上。兩種資訊加工模式的不同，造成了兩者的分離。總的來講，對於自尊的成分為什麼是這樣、它們的機制是什麼，這些問題心理學家依舊還在探索之中。如從當前的理論來看，現有的多重記憶系統模型，雖能解釋內隱和外顯態度在記憶儲存與讀取上的機制差別，但卻無法闡釋二者語意表徵帶有的心理理論特性，以及二者的認知控制過程。它們之間聯繫與區別的腦機制，還有待進一步發掘。

探索「自我」的漫漫長路

自從人類擺脫蒙昧走向文明以來，人對自我的探究就從沒停止過。自宗教誕生以來，神學家們將人類獲得「自我」看成一種「原罪」，亞當和夏娃因為吃了蘋果能夠看清自己，而被上帝逐出伊甸園。自哲學出現以來，有的哲學家主張通過「齊物」（把自己看得和世間其他東西沒有什麼不同）達到「無我之境」、「物我兩忘」來「羽化登仙」，有的則靠邏輯思辨手段，進行了很多有益的分析，例如：巴魯赫·斯賓諾莎（Baruch de Spinoza）。

而在過去一百多年裡，心理學家則將「自我」解構為很多個方面，並想盡辦法進行盡量精確的測量，到了今天他們已經可以說：自我這玩意與大腦內側前額葉皮層很有關係。我們正比以往所有人更靠近關於「自我的真理」的中心，但我們所不知道的東西，也超過了過去所有未知的總和。在探究自我的科學道路上，保持一個較低的自尊，做一個謙卑一些的人，也許有利於我們發現更多的東西。

自尊是種燃料，自戀是種火藥

真實的光彩─莫名的跩：你活在「水平世界」還是「垂直世界」

喻沛詩

每日三省吾身：
又吃多了嗎？又自戀了嗎？
別人叫我「帥哥」又無恥的答應了嗎？

自戀與自尊不同

不管是公眾還是心理學界，通常認為自戀就是一種過度的自尊。很多心理學家將自戀標記為「一種誇大的高自尊」、「過於膨脹的自尊」或「防禦性高自尊」。這種說法來源於早期的精神分析，它認為兩個術語——自戀和高自尊可以互換。

但我們認為這個觀點是有問題的，有一系列的實證研究證明「自戀」和「自尊」在四個方面有所不同：它們的表現形式、造成的影響、發展過程以及起源。自戀和自尊最明顯的界線，在於兩者帶給個體的社會化經驗的差異，即兩者對他人的看法。

要自尊，不要自戀

「我喜歡上了一個人。」
「她一定很漂亮吧？」

首先是兩者表現形式的差異。除了自戀型人格障礙這種極端形式，自戀實際上是一種亞臨床的人格特質。自戀者（通常認為是那些在自戀量表上得分高的人）會覺得自己高人一等，認為自己應該享有特權，同時也渴望他人的尊敬和讚美。他們確信如果是他們來管理這個世界，這個世界就會變得更好。而高自尊者會對他們自身很滿意，卻不會覺得比他人更優越。所以，雖然兩者都對自我有著很高的評價，但是卻有著本質上的不同——自戀者對自我不滿意，但仍然認為自己比他人好；高自尊者對自我很滿意，卻不會認為自己比他人優秀。

另一個方面是兩者的影響不同。自戀者和高自尊者的差異，通常出現在社交方面，自戀者不會強烈的想要和他人建立深度、親密的連結，他們會更努力去超越他人、控制他人，或利用他人來獲得社會地位，並且在他們得不到想要的尊敬和讚美時，會覺得自己糟透了，然後把「自己很糟」這個想法變為「別人很糟」，將他們對自己的憤怒發洩給別人。而高自尊者不會想要去超越、控制或利用他人來獲得自身的利益，他們更想要建立深度、親密的連結，他們也不會經常性的爆發，也更少出現違法行為。

第三點是兩者的發展過程不同。自戀和自尊感最早在人一～七歲左右出現，兩者雖然是同時出現的，但是在它們的發展過程中差別很大。自戀在青春期達到最高峰，在成年期就會逐漸下降，而自尊感則相反，它會在青春期達到最低點，在成年期會逐漸上升。在整個生命過程中，兩者是反向波動的。

因此，不要自戀、自大、自負。只有自尊才能支撐自由的精神、自主的工作、自在的生活。

自戀的人不會失戀

最後的一個差異是兩者的起源。雖然自戀和自尊都會有中等程度的遺傳特性，但是它們是成長過程中差異很大的「社會化經驗」塑造而成的。最近的一項追蹤研究顯示：自戀的成因是父母過高的評價，即父母認為自己的孩子是一個應該享有特權的獨特的個體。過高評價會高估孩子的知識、智力，對孩子的行為表現出過度的讚美，會讓孩子形成一個信念，就是自己是一個更優秀的個體——而這個信念就是自戀的核心。

而高自尊的成因是父母的溫暖，即父母以喜愛和欣賞的態度對待孩子。父母向孩子表達他們的喜愛，和孩子分享積極情緒，培養孩子「自己很重要」這個感覺，這樣孩子會形成的信念：自己是一個有價值的個體——這個信念就是自尊感的核心。

總之，自戀就是認為「我是比別人都更優秀的」（和他人是垂直關係），而自尊就是認為「我是有價值的」（和他人是平行關係）。

只要自我增強，不要自我膨脹

優不優秀，是一種自知之明

張文鈺

這就是自我增強

前段時間，我的同學沉迷某戀愛遊戲，整天抱著手機，聲稱自己是男主角的老婆，臉上洋溢著幸福的笑容，彷彿真的戀愛了一樣，讓我一度以為這是一個代入感強烈的戀愛遊戲。

直到我看見了好事者起底女主角的背景。

簡單來說就是：嚇得我趕緊轉給室友：「快看啊，女主角是有錢人家的大小姐，跟妳不一樣，快別做夢，別再課金了，男主角不是妳老公！那是學霸校花的老公，妳這是在為別人作嫁衣啊！」

我本以為她會幡然醒悟，然後怒刪遊戲，沒想到她大喊道：「對啊，這不就是我嗎！」

回想起歷史上那些面向男性的戀愛遊戲，男主角大多擁有敬業的劉海，永遠不會露出臉；或者人設十分廢柴，缺點一大堆，但是就是有一群美眉倒追。

當年的遊戲開發商，為了增加玩家的代入感，可以說是煞費苦心，努力把主角設定得沒特色或者是特別廢柴，生怕玩家玩著玩著就心生悲痛，產生這種感覺。而在女主角被「起底」之後，的確有玩家也嚷嚷著要脫粉，表示代入感全無，看滿級女主角和四個男人談戀愛，和看天書有什麼區別，還不如去看底層女主逆襲俘獲男總裁的故事。

當然也有很多內心堅強如我同學的玩家，堅稱女主角就是自己，遊戲裡那些都是她們的老公，她們跟別的玩家不一樣。像這種沒有自知之明的認為自己很優秀、比別人更特別的傾向，在心理學上可以被稱為「自我增強」。

為什麼很多人有自我增強的傾向

自我增強（self-enhancement）是指：人們會選擇性的關注、強調或誇大自己的某些方面，從而對自己做出積極的評價。其中最為知名的就是優於平均效應（Better-Than-Average），也就是會有超過五十％的人認為：自己的某種能力高於平均值，大家都覺得自己很特別，有異於常人的優點，於是就形成了膨脹。

為什麼很多人都有自我增強的傾向呢，心理學家從三個角度給出了解釋：

- **因為要滿足心理需求**：通過把別人比下去，可以讓人自我感覺良好，提升了價值感和自尊。這是一種適用於大多數人的理論，因為保持對自己積極的態度，可以給人們提供各種生活動力。
- **因為缺乏自我認識**：這些人在面對自己的真實條件時，沒有自知之明，無法正確認識自己，所以就十分膨脹，這個理論更適用於一些能力很差的人，他們很難意識到，自己真的沒有他們所想的那樣優秀。
- **因為對比的群體不同**：沒有人能夠知道所有人的真實水準，人們對於自己的評估，很大程度上是建立在自己所見過的群體之上，如果這個群體和社會的大群體之間差異比較大，那麼就容易錯誤評價自己。拓寬眼界，天天和學霸、學神待在一起，就很難膨脹得起來，還會總感覺自己是個魯蛇。

只要自我增強，不要自我膨脹

關於自我增強，對一個人的心理適應性到底是好是壞，其實心理學上也沒有定論。認為自我增強傾向不好的心理學家表示：膨脹後的人們，可能會給自己設下高不可攀的目標，所以更容易失敗，也就更不快樂；或者是覺得自己已經很厲害了，就安心的躺在原地，失去了提升自我的機會；還有的人可能會各種自大、吹牛、看不起其他人，搞得大家都很討厭他。

當然，也有認為自我增強傾向有好處的心理學家表示：因為自我增強能提升人們的價值感、自尊心和積極感受，所以可以讓人更積極、更幸福，抗壓能力也會更好。也就是說，如果一個人的自我增強並沒有破壞他的成就動機，也沒有促使他去傷害別人的話，那麼他就有很大的可能從中獲益。

所以說呢，只要自我增強，不要自我膨脹！給自己一些自信，肯定自己，不要整天活在大神們的陰影之下，相信自己也很棒，配得上老李、老白、老周、老許。氣順了，內分泌規律了，皮膚細膩有光澤，整個人都可以變得愈來愈好。

權力依存性自尊：從賈伯斯看「權威型」與「自戀型」領導力

強者，總活在能力、魅力與暴力之間

徐健捷
王軼楠

從賈伯斯談起

賈伯斯已經離開我們好多年了，但關於他的討論，一直沒有停止過。而且，每當新款 iPhone 推出時，都會出現一股懷念賈伯斯的熱潮。

堅毅、執著、果敢、聰明過人——賈伯斯擁有過人的聰明與才華。他一生幾經坎坷，跌宕起伏，依然屹立不倒、傲視群雄，他用行動詮釋了海明威的名言「一個人可以被毀滅，但不能被打倒」。短短十年內，他就將蘋果從自家車庫裡的小工作室，發展為雇員超過四千名、價值超過二十億美元的大公司。然而，卻在事業巔峰時被自己創立的公司掃地出門。後來，又在一年中失去兩億五千萬美元！遭遇幾近毀滅性打擊的他，十二年後捲土重來，重新主宰了蘋果公司，並將其帶上前所未有的高度。

偏執、暴躁、疑心重、獨裁——在下屬的眼裡，賈伯斯並不是一個「好老闆」。一提起賈伯斯，恐怕蘋果公司的一些員工多少有點膽戰心驚，甚或不敢和他同乘電梯，唯恐電梯未坐完就被炒魷魚。

心理學家認為：賈伯斯的領導風格可以歸入權威型領導力之列，即以自我為中心，要求每個成員遵從他的信念，執行他的命令，從而保證組織高效率的運轉。權威型領導力高的人，對於權力感和控制感擁有極端的渴望，一旦他人敢挑釁他們的權威與地位，便會引起領導者心理和行為的劇烈反應。

人人渴望擁有權力

心理學將「權力」定義為：個體影響他人的能力，它建立在個體對有價值資源的控制，和實施獎懲的能力基礎之上。它既可以被看成一個結構變數，即認為權力是基於一定社會事實或社會地位而存在的；也可以被看成是社會關係的一種屬性。

擁有權力會讓個體產生被授權感、維持等級制度的渴望，以及更多實現自我真實想法的機會。比如，二〇一三年發表在《心理科學》期刊（Psychological Science）上的一篇研究便顯示：權力感會通過提升個體的自我真實性，增加其幸福感。而對於華人來說，權力不僅會提升個體自我真實性，還會改善其人際關係，最終，改善其生活滿意度。

> 衡量一個人的價值，就看他擁有權力時的所作所為。
>
> ——柏拉圖

權力依存性自尊

政治心理學先驅哈羅德．拉斯威爾（Harold Lasswell）在《權力與人格》（Power and Personality）一書的開篇，曾經引用英國諷刺作家塞繆爾．巴特勒（Samuel

Butler）的箴言：「權力的芳香沁入大腦，讓人輕率、傲慢和自負。」在拉斯威爾看來，權力與人格之間相互作用、彼此建構，存在著「暗示的互換」。權力可以改變人格，人格也總是能夠深刻的塑造於權力的施行。權力依存性自尊，便是針對權力與人格關係的一種詮釋。

「依存性自尊」指的是：個體的自我價值建立在社會贊許、外表、能力或某種標準和期望基礎之上。自我決定理論認為：人們應當追求「真實自尊」，而非「依存性自尊」，這樣個體的基本心理需要才會得到滿足，獲得持續不斷的內部動機，有利於個體的自我整合和幸福感的增加。二〇〇一年，珍妮佛·克洛克（Jennifer Crocker）和 Wolfe, C. T. 首次將依存性自我價值感劃分為七個具體領域：他人認可、外表、上帝之愛、家庭支持、學業成就、競爭、美德。除此之外，也有研究者特別關注單一領域的依存性自尊，如關係依存性自尊和學業依存性自我價值。

有大量研究結果指出：依存性自尊高的個體，會更容易體驗到焦慮、壓力等消極情緒，在面臨威脅其自尊水準的事件時，會採取過分防禦的策略，如自我設障、拖延或憤怒、敵意等，不利於個體行為表現以及發展，同時也可能給他人帶來傷害。

北京師範大學心理學部的王軼楠博士，於二〇一八年首次提出「權力依存性自尊」（Power Contingent Self-esteem，簡稱PCSE）的概念，意指個體的自我評價隨其自身權力感的得失，而產生較大幅度的波動，對於權力依存性自尊高的個體來說，當權力感高時，他們的自尊便會急劇升高，覺得自己特別有價值，相反，如果其權力感降低，其自尊水準又會劇烈下降，覺得自己一無是處。

在成熟的人身上，我們可以看到一系列特有的態度：成熟的人能夠創造性的發揮自己的力量；成熟的人只想得到他自己為之付出勞動的果實；成熟的人放棄了全知全能的自戀幻想；成熟的人取得了一種以自己的內在力量為基礎的謙恭。而這種內在力量，只能由真正創造性的活動所給予。

——佛洛姆《愛的藝術》

最後的道別揭示人生的真相

中年後的賈伯斯變了許多，號稱不做慈善的他開始捐款給紅十字會；他每年邀請養父母乘坐公主號郵輪穿越巴拿馬運河，因為那條航線有著「爸爸年輕時的記憶」。

人們驚奇的發現賈伯斯變了——幾次重挫使他變得謙遜，孩子們的出生使他變得溫和，年齡增長和職場的博弈使他變得成熟，自我超越使他變得更加圓融。他成為一個虔誠的佛教徒，當他說：「我願意把我所有的科技，去換取和蘇格拉底相處的一個下午」時，世人就已經看到一個不一樣、更懂得生活真諦、當然也更具領導魅力的賈伯斯了。

《權力依存性自尊量表》

請判斷，以下描述在多大程度上能夠符合你的性格特徵：1= 完全不符合，2= 有點符合，3= 有些符合，4= 比較符合，5= 相當符合，6= 完全符合。

描述	分數
01. 當別人不聽我的安排時，我的自我感覺會變差	
02. 當我的想法對別人沒有影響時，我的自我感覺會變差	
03. 當別人不重視我的觀點時，我的自我感覺會變差	
04. 當我的觀點被他人忽視時，我的自我感覺會變差	
05. 當我的決定影響不了他人時，我的自我感覺會變差	
06. 即使別人不聽我的安排，我的自我價值感也不受影響	
07. 即使別人不在乎我的想法，我的自我價值感也沒有變化	
08. 即使別人忽視我的觀點，我的自我價值感也不會受損	
09. 即便別人完全不聽我的，我的自我感覺也不會變壞	
10. 即便我的觀點對別人無足輕重，我的自我價值感也不會變壞	

- 總分＝（1 至 5 題）＋ 35－（6 至 10 題）
- 分數愈高，代表一個人的權力依存性自尊水準愈高，其自尊水準愈容易因為受到個人權力感的影響而產生上下波動。

總分

二〇一一年，在賈伯斯彌留之際，所有的親人都陪伴在他的身邊，賈伯斯久久的凝視自己的孩子，就好像目光無法從他們身上轉移開一樣。他和親人們道別，告訴他們自己因無法和他們一同慢慢變老而感到悲慟，並告訴他們自己將去一個更好的地方。在賈伯斯臨終前，他是被愛所包圍的。

如果上天能再給賈伯斯多一點時間，或許他能夠構建出一個更好的自己吧。

MEMO ——

衡量一個人的價值，
就看他擁有權力時的所作所為。

自我挫敗：成功的絆腳石

小心，每顆心都配備著一個「自我毀滅」裝置

鄧尚書

試想這樣一種情況：一位同學在面臨著遲交作業就會扣分，而依然無動於衷的不能提高行動效率，最終導致遲交作業。在這件事情中，遲交作業的後果是已知的，並且顯然對自身有害，那麼為什麼他依舊會做出這些傷害自己的行為呢？這究竟是怎樣的一種作死心態？

這聽起來像是佛洛伊德所說的：朝向毀滅與破壞的死的本能。但日常生活中確實存在著許多不自覺，或者甚至明知後果有害的情況下，個體也要做出一些有損於自己利益的行為。比如，在有強烈罪惡感的情況下，通過傷害自己希望獲得原諒，或者物質濫用，如酗酒、吸菸成癮者，在明知其有害身體健康的情況下，依舊控制不住的繼續，以及在通往成功的道路上，有意或無意設置障礙的自我阻抑行為等。

自我挫敗行為的本質

以上都屬於「自我挫敗行為」（Self-defeating behavior），是指有意的對自我及自我的目標進行明確或可能的負面影響行為。定義中強調意向性（intentionality）的作用，羅伊・鮑梅斯特（Roy F. Baumeister）等人回顧了以往有關自我挫敗行為的研究文獻，提出依據意向性程度不同，而分出三種類型的自我挫敗行為：

- **傷害被預見且被期望：**即最原始的自我挫敗行為。
- **傷害被預見但不被期望：**在兩個不相容的目標中權衡，選擇犧牲其中一個目標受到傷害，而獲得另外一個目標的利益。

- **傷害不被預見且不被期望：**個體並不想受到傷害，但卻因判斷錯誤等而選擇了適得其反的方法。

有意傷害自己

這種「預見有傷害」並且也「期望著傷害」的自我挫敗行為，包含了對自己的強烈消極態度，並且在消極情緒如罪惡、內疚、焦慮感，或者較高的自我意識下得到進一步的強化，此時個體可能通過傷害自己，來逃避被自己厭惡的自己。

「儘管如此，我視這些折磨幾近一種享受，好長一段時間，我冷漠而盲目的踽踽獨行；我的心沉默、怯懦的退縮在角落；種種恐懼、可憎的感覺反倒安慰了我……但是，我深深感到悲哀，我生活在毀滅性的放縱當中。」

這樣的說法看上去有點不可思議，似乎不太可能出現在非臨床群體中，研究發現：低自尊的群體會在成功之後，降低追求任務的動機，而不是在失敗後，推測可能是因為不願意在其他測試中威脅到已有的成功回饋，或者相比於培養優點更傾向於彌補缺點。但這些情況並不能支持原先所定義的個體有意渴求傷害，也沒有發現通過故意表現更差、試圖失敗，來繼續維持對自己的負面看法。

值得一提的是，當「未來將要受苦」的期望被確定後，此時個體選擇去受苦、受傷害的可能性反而會更高，做為一種應對受苦期望的方式，或者堅信世界公正，而認為此時受苦可以減少將來的受苦。但這些都並不支持定義中所說：行為的主要目標就是為了傷害自己。

左右權衡

除了故意傷害自己之外，更常見的情況是同時存在兩個不相容的目標，個體選擇犧牲其中一個而追求另一個目標，此時為了得到該利益的代價，就是傷害自己。在自我阻抑行為中，個體會犧牲掉成功的可能性，來換取一些自我認知上的利益，例如：失敗並不是因為自己不聰明或者能力不足，而是因為一些障礙，雖然這些障礙可能正是自己設置的。自己損害自己成功可能性的自我阻抑行為，常出現在個體本身預期到將要失敗，卻又面臨他人對自己成功的極大期望和評價威脅時，此時個體會用自我阻抑來應付。

在這種權衡式的自我挫敗行為中，通常個體選擇犧牲的目標是延遲的、在未來的，或者並不確定的，而想要追求的目標，通常是當下短時期內的目標。這種付出長期的代價來獲取即時利益的自我挫敗行為，比如物質濫用，這些個體在使用某些物質的過程中，能即時感受到愉悅感，降低自我意識，暫時忘掉一些煩惱，儘管從長期來看，自身會為此付出慘烈的代價、身體疾病，或是社會功能的損壞。這種將來某個目標在當下被感知到的價值，隨著時間延遲而降低的現象，被稱為「時間貼現」，通過功能性磁振造影（fMRI）技術發現：即時或延遲獎勵下存在著不同的神經機制，當被測試者選擇更長期的選項時，大腦額葉和頂葉的活動會相對更大。

究竟該怎麼做

當我們意識到自己可能正在做一些不利於或者損害自身的行為時，可以考慮一下自己為何做出這些行為，以及通過這些代價所想要得到的是什麼，是維持自尊免於威脅？還是壓力過大，以至於產生短時間內無法面對的厭惡感？這些情緒都會促使我們只能選擇當下短時的釋然，而忽略了長期可能有害的後果。

MEMO ——

當我們意識到自己
可能正在做一些不利於
或者損害自身的行為時，
可以考慮一下自己
為何做出這些行為？

真實的你：
在脆弱的平衡中尋找方向

一人分飾多角何難，你我都是天生的戲精

安瀅

J女士和最好的朋友在一起時，總是大咧咧的，一副男人婆模樣，而到了喜歡的人面前，她就變得難得的安靜，一副淑女模樣。

K男士在工作中一絲不苟，獨立而理智，但他一到家，卻是凡事都聽老婆的，變得依賴性極強。

你是否也和J、K兩人有著相似的「症狀」，在面對不同的情境時，會表現出截然不同的性格？到底哪一個才是真實的你呢？

角色理論

社會學家喬治．赫伯特．米德（George Herbert Mead）是符號互動論（Symbolic Interactionism）的創始人，他傾向於從心理學角度研究社會現象。符號互動論關注社會互動的過程，認為「個人行為」並不能僅由一個人完成，而是發生於整個社會群體行為和活動中。米德進一步指出：在與不同的群體互動時，我們會表現出不同的自我，即不同的角色。例如：在學校與老師交流時，我們的角色是學生；在家中與父母談心時，我們的角色則是兒女。

人類學家拉爾夫．林頓（Ralph Linton）進一步闡明了角色的定義，他講道：「社會是一個由各種相互聯繫的位置或地位組成的網路，其中個體在這個系統中扮演著各自的角色。對於每一種、每一群、每一類地位，都能區分出各種不同有關如何承擔義務的期望。因此，社會組織最終是由各種不同地位和期望的網路組成的。」

社會對於不同的角色會有不同的期望。例如：K男士是一名經理，因此他被要求做到果斷而理智，而他同時又是一名丈夫，他被家庭期待為一個體貼、富有情感的男人。正是有了不同的社會期望，我們才會在不同的情境下，表現出截然不同的性格與行為。

角色衝突

在生活中，我們需要與各種各樣的人交往，也會同時隸屬多個群體。因此我們每個人在社會中扮演的角色遠不止一種，而我們又是如何區分這些不同的角色呢？布雷克・艾許佛斯（Blake Ashforth）、格倫・克萊納（Glen Kreiner）及梅爾・傅加特（Mel Fugate）指出：個體會在各個角色之間建立虛擬的界限，以幫助自己專注於當下所扮演的角色，簡化並支配環境。從物理上來說，這些界限並不真實存在，但人們能在心理上感知到它。例如：人們會劃分「家」、「工作」、「教會」等不同社會領域，並且大多數人都認同這種劃分方式。界限的存在可以幫助我們區分各個角色的行為模式，但同時，它也增大了我們角色轉換的難度。

當兩個角色差異過大時，它們之間就會形成靈活性低且滲透性低的界限，而這種界限的存在，反過來會使得兩個角色的差異持續增大。由於兩種角色幾乎沒有重疊部分，在轉換時就需要更多的時間與精力，同時也會更依賴於情境特徵。例如：當我們從工作角色轉換為家庭角色時，會進行一系列行為：離開工作場合——行駛在回家的路上——進入家門——換上家居服等，在這一過程中，走過的街景、換上的家居服，都是啟動我們家庭角色的信號。

適當程度的界限，會使得角色轉換變得容易，但如果界限太過模糊，就可能導致角色衝突。那些選擇在家工作的人，往往會對自己的角色感到困惑，不知道何時該扮演何種角色。同時，角色之間很容易互相干擾，使得他們無法專注於當前角色。例如：一位在家工作的作家還沒有寫完文章，就要去為孩子準備午餐。角色衝突發展到一定程度時，會嚴重影響我們的家庭與工作，導致生理、心理以及人際交往方面的問題。

多元統一

米德認為：我們根據情境來扮演不同的角色，展現不同的性格和行為，是自我社會化的展現。這並不是一種病態，你所表現出來的每個你，其實都是真實的你的一部分。米德同時提出了一個更上位的概念——「元自我」（Meta-self），他指出，雖然個體在社會中會扮演不同的角色、表現出不同的行為模式，但每個人仍有統一自我的傾向。我們會在某些時刻體會到一定程度上的分裂（Dissociation），但在大多數時候，我們都是在以一個完整的自我與他人互動。所有社會角色的感知、記憶、思維和情感構成了這個完整的我。

當人們無法整合、形成統一的自我時，就容易引發心理問題。解離型身分障礙（Dissociative identity disorder，簡稱ＤＩＤ）就可以看成是一種極端的角色分離。解離型身分障礙就是我們所說的「多重人格」，根據《心理障礙診斷與統計手冊》（*DSM-IV*）的診斷標準，ＤＩＤ患者存在至少兩種人格，且各個人格之間獨立自主，在特定時間內占據主體。日本小說《第十三種人格》中曾這樣描述道：「患多重人格障礙的人，對往事的記憶，往往是由各個人格分擔的。一個人格記住的東西，只是這個人人生的一個部分，一個斷面。當然，各個人格共同記住的東西也是有的。」

被診斷為ＤＩＤ的人並不能共用、整合每個人格的感知、記憶、思維和情感，因此各個角色之間是互相分離的。同時，ＤＩＤ患者分離角色的目的，也不是為了實現自我社會化，而是往往以此來壓抑記憶、逃避痛苦。在紀實傳記《24個比利》（*The Minds of Billy Milligan*）中，擁有多重人格的比利這樣說道：「當悲傷太多的時候，一個人已經無法承受，我就把投注在一個人身上的所有煎熬分別來接受。」

真實的你

在不同情境下表現出不同的性格，其實是社會適應的一種表現，它不是虛偽，更不是病態。不同角色表現的你，都是真實的你，它們其實是統一的記憶、情感以及價值觀，它們的整合，組成了一個完整的你。

願每個人都能接受自己的每一面，擁抱真實而完整的自己。

自我同情：苔花如米小，也學牡丹開

「存在」沒有輕重之別，沒有誰比誰差這回事

王軼楠

從〈苔〉到自我同情

苔　　清　袁枚

白日不到處，青春恰自來。
苔花如米小，也學牡丹開。

〈苔〉是清代詩人袁枚創作的一首詩歌。苔蘚是微小的植物，多寄生於陰暗潮濕、陽光照不到的地方，可是它也有自己的生命本能和生活意向，並不會因為環境惡劣而喪失生長的勇氣。

在綜藝節目《經典永流傳》中，來自貴州山區的鄉村老師梁俊，帶著一群學生登臺演唱了一首〈苔〉，梁俊老師用這一首歌鼓勵孩子們，不要妄自菲薄，雖然大家是貧困山區的孩子，但是內心不能沒有夢想！

孩子們如山泉般純淨的聲音一出來，就感動了評審、現場觀眾，乃至億萬聽友，當大家登上舞臺，和彈著吉他的老師一起唱歌時，幕布上出現了梵谷的〈星空〉……

〈星空〉是梵谷進入精神病院後所創作的著名作品。後世畫評多數認為其中藍色的基調是悲傷、恐懼的情緒，粗糙的筆觸則是憂愁，畫面中如地獄業火般的黑色柏樹，為梵谷躁動不安的靈魂，它毫不留情的貫穿夜空，彷彿要破壞這寧靜的世界。

但若從另一角度觀察，便能發現這幅畫並不僅有負面情感。梵谷的精神建構了畫中的一切，患有精神分裂症的靈魂如同畫中被蠶食的月亮，而高掛夜空的十一顆星星，是他分裂出的自我。受混沌夜空侵擾的同時，漆黑的城鎮和柏樹，就像那深淵和冥府之火，欲將已不甚寧靜的世界拉入黑暗。即便如此，星星和月亮依然努力的閃耀自己的光芒，映照著現實世界的梵谷燃燒自己的生命能量、反抗他心裡的黑暗，努力奮鬥不被自身錯亂的精神吞噬。

誠然，生活中，痛苦時刻的存在很難避免。面對痛苦，有些人能成功擺脫出來，但有些人卻不能，甚至產生消極的自我評價，反覆糾結於負面想法和情緒，導致痛苦加劇與擴大，進而給身心健康、工作與生活帶來影響。近年來的心理學研究顯示：自我同情會幫助個體，克服痛苦和提升身心健康水準。

自我同情是什麼

在借鑒東方佛教慈悲思想、西方人本主義，以及現代情緒應對理論的基礎上，克莉絲汀・聶夫（Kristin Neff）提出了自我同情（self-compassion）這個概念，意指個體對自己的痛苦和失敗不予迴避，而是用開放寬容的態度加以感受，並給予無偏見的理解。

自我同情不是什麼

自我同情不是自我中心。許多心理學理論假設：人生來就是自私的，對自己的關注多於對他人的關注。但普遍經驗顯示：人們通常對待自己更為嚴格和挑剔。這種對自己的挑剔可能源於對自私、任性或自我中心的恐懼。自我同情促進了對他人同情的感受，將自己的經歷視為普遍的人類經歷，承認不幸、失敗和不足是人類的一部分，並且所有人——包括自己——都值得同情，不必用自己與他人之間的比較來強化或保護自尊，從而避免了以自我為中心。

自我同情不是自我縱容。自我同情並不表示對自己的弱點妥協或無為，而是鼓勵自己在必要的地方做出改變，並糾正有害或無益的行為。相反的，缺乏自我同情更可能導致無為。

自我同情不是自我憐憫。當個體感到自憐時，通常會覺得自己與他人高度隔離，變得全神貫注於自己的問題，而忘了其他人正經歷著類似（或更糟）的困難。個體因為這種感受而不能自制，也誇大了個人痛苦的程度。自我同情則相反，個體會要求自己致力於認知之外的活動，重新認識自己和他人相關的經歷。自我同情抑制了孤立、以自我為中心的感覺，增加了人際相互聯繫感。

自我同情的積極作用

自我同情能促進情緒調節。情緒調節是指關注自己的情緒，控制情緒喚起的強度和持續時間，並在面對壓力和痛苦時，設法改變負面的情感狀態。很多時候，自我同情類似於一種有效的情緒取向應對策略。自我同情同樣需要維持對情緒的注意，用寬容和理解，代替對痛苦情緒的一味迴避，更清楚的理解當時情況，採取適當、有效的行動，把負面情緒轉換成更加積極的情感狀態，從而改變自己和環境。

自我同情能提升心理健康。許多研究證實：自我同情是個體心理健康的重要指標。自我同情和自我批評、抑鬱、焦慮、沉思、思維抑制、表現——迴避目標、順從行為有負相關；與社會關係、情緒智力、自我決定、掌握成就目標、心理健康、學習控制感、自我效能、學術成就存在正相關。研究發現：自我同情對個體的心理健康，具有保護和正向預測作用。

苔・其二　清　袁枚

各有心情在，隨渠愛暖涼。
青苔問紅葉，何物是斜陽。

第二首〈苔〉更含蓄，增添了無限禪意：花草各自有不同的心緒情懷，隨他是愛暖或是貪涼，就像青苔問紅葉，到底什麼是夕陽一樣。從「也學牡丹開」到「各有心情在」，展現了詩人境界的轉化，是進步還是倒退，進取還是逃避，只有冷暖自知了。

自我監控：是誰的眼睛總在盯著你看

形象啊，再平凡的人也有「偶包」

胡楊

當你獨自走在幽深寂靜的小路上，會不會感到有人在鬼鬼祟祟的跟蹤你？

當你獨自坐在最後一班公車上，會不會感到背後有一雙眼睛正監視你？

當你渴望擁有一些私人的空間時，是不是覺得自己始終被看著，無處可去？

這全都是因為你的身上有自我監控！

何謂自我監控

自我監控（Self-monitoring）是馬克．史奈德（Mark Snyder）於一九七二年提出的概念，隨著研究的深入，這一概念在不同領域中發展出了不同的界定。認知心理學中的自我監控，是一種特殊的認知能力（元認知）和行為，即對自己認知或行為過程的認知，是對認知過程的觀察、審視和評定。

人格和社會心理學領域，將自我監控視為一種社會認知與人際交往能力，人們在社會交往過程中，需要有意識的維護和保持自己的形象（印象管理），這就需要個體對周圍環境有所感知，並主動監控、調整自己的行為。

廣義的自我監控包括元認知的部分，和個體在人際交往過程中表現出的特殊傾向；狹義的自我監控則更側重於個體根據外部情境，回饋調整自己行為的能力。

高自我監控者畫像

- 對社會情境和人際適應性線索的關注和敏感程度高
- 使用這些線索做為參考資料，調控其行為，這些行為包括表達性行為（expressive behavior）和自我展示（self-presentation）
- 高自我監控者善於表演，他們的公開社會角色和私人自我可能存在巨大差異
- 在自我展示的過程中更加積極樂觀
- 善於營造幽默的氛圍
- 能夠清楚認識自我對他人的影響

低自我監控者畫像

- 很少注意社會情境和自我表現方面的社會資訊
- 自我展示行為受到內部情緒、情感、態度、脾氣的制約
- 傾向於在各種情境下表現出統一、真實的性情和態度
- 低自我監控者的行為與自我認知具有高度的一致性

一般用於測量自我監控程度的是「自我監控量表」（Self-monitoring Scale，簡

稱SMS）。自我監控程度的高低並無好壞之分，但是高自我監控者一般擁有更好的社會適應性。

自我監控對生活的影響

（1）學習方面

現有研究指出：自我監控能力幾乎與所有科目的學習成績都存在正相關，並且，自我監控能力也能有效預測學生的時間管理能力，和認知加工的速度。

（2）社會交往方面

- 高自我監控者在選擇社交情境時，傾向於外顯、便於自我展示的情境；而低自我監控者在選擇時，傾向於與自我人格特質一致的情境（如果個體人格外顯性更高，那麼他就更可能選擇外顯的情境）。
- 高自我監控者比低自我監控者更善於使用「印象管理」技巧，特別是討好、自我推銷和舉例的方法。
- 一般來說，個體對團隊的信任程度，會影響其在團隊中的貢獻程度，但是對於高自我監控者來說，這種影響並不存在，不論信任程度高低，高自我監控者的貢獻程度都保持一致性。
- 高自我監控者更擅長在遇到某種情境之前，先對自己的行為做出構想，同時他們能更加清楚的辨別不同的社會情境，為不同情境設計自己反應的「劇本」，他們也更能夠以他人行為為指導，來模仿或改變自己的行為。

● 高自我監控者在選擇親密關係（戀人、親密友誼、婚姻）時，更傾向於選擇有熟練社交技能的個體，他們的親密關係數量眾多，但是親密度較低，同時他們對親密關係終結的態度也更為開放。低自我監控者的親密關係數量較少，但是親密度較高，更願意融入對方的社交生活，而他們對親密關係的解除則較為敏感。

總而言之，高自我監控者表現出了更多的社會適應性，似乎更加符合當代的社會需求，但是低自我監控者也表現出了其他方面的優勢，高、低自我監控沒有好壞差異，重點在於如何發揮自己的長處。

MEMO ——— 高、低自我監控沒有好壞差異，
重點在於如何發揮自己的長處。

脆弱的高自尊：我的安靜只是我的保護色

悅納自己不戴面具，悅納別人不帶盾牌

徐敏

什麼是高自尊

「自尊」是個體對自己能力大小，以及價值高低的判斷和感受。根據自尊水準的高低，可將其分為「高自尊」與「低自尊」。研究普遍發現：相比低自尊群體，高自尊群體更加樂觀，擁有更高的生活滿意度，在困境中也更加堅韌等。但與此同時，研究者也發現高自尊群體存在著異質性：有些高自尊者對他人的需要缺乏敏感，甚至更容易產生攻擊和暴力行為，而另一些高自尊者卻不是這樣。

高自尊的異質性，促進研究者對其分類探索，研究者們主要根據以下四種標準來劃分高自尊：

（1）穩定性

根據自尊是否隨著時間、情境的波動而變化，將高自尊劃分為「穩定型」和「不穩定型」。其測量方法，是讓被試者完成多次整體的自尊量表測試，來判斷其穩定性。

（2）防禦性

根據個體是否隱藏了消極自我感受，並且公開表現出積極的自我感受，將高自尊分為「防禦型高自尊」和「安全型高自尊」。這兩種類型，可以通過同時測量個體的整體自尊與社會贊許性來識別。

（3）依賴性

個體的自尊是否依賴於達到現實或者他人的期望標準，將高自尊分為「依賴型高自尊」和「真正的高自尊」。該類型主要通過相依性自尊量表，和自我價值感相依性量表測量。

（4）一致性

外顯自尊與內隱自尊這兩個結構，在各自測驗的得分上是否一致，分為「一致型高自尊」與「不一致型高自尊」。外顯自尊的測量主要通過自我報告法，而內隱自尊則主要通過內隱聯想測驗、閾下態度啟動任務等進行測量。

麥可．柯尼斯（Michael Kernis）把上述的不穩定型高自尊、防禦型高自尊、相依型高自尊和不一致型高自尊，統稱為「脆弱的高自尊」，把與之相對應的高自尊統稱為「安全的高自尊」。聯想到生活中，有時候人們會用「自尊心真強」去評價一個人，暗含著這個人清高、不好相處、易激怒等，應該就是指脆弱型高自尊者。

脆弱型高自尊的表現

言情小說中，霸道總裁往往戴上冷漠或者自戀的面具，來掩飾自己內心的孤獨與脆弱，而傻白甜女主角總會用愛來治癒他。某種程度上，脆弱型高自尊和霸道總裁形象極為相似，他們總是採用各種防禦性策略來掩飾自己真實的內心，舉幾個例子說明：

（1）自戀：「女人，你是不是愛上我了」

研究者發現脆弱型高自尊多是自戀的，自戀做為一種誇大的方式來支援和提升自尊，其本質是用表面的高價值感，來掩飾隱藏於內心的低自我感受。

（2）否認：「我不是，我沒有，你瞎說」

脆弱型高自尊者在面對失敗時，往往傾向於否認自己的責任：「我沒有通過測驗，是因為題目太難了」。這是因為脆弱型高自尊，其內隱層面與外顯層面的自我評價是分離的。因此，當「考試失敗」這種自我威脅資訊出現時，他們內隱的消極評價就會被喚醒，並產生強烈的羞愧感。為了逃離這種體驗，他們就會把責任「甩鍋」給外部因素，否認自己的責任。

■脆弱型高自尊的人更敏感

一杯喝了一半的水，有些人會欣喜於剩下的半杯水，而有的人則會歎惜空的那一半。這就是生活中關於「注意偏向」的例子。注意偏向是指相對於中性刺激，個體對相應消極或積極的刺激，表現出不同的注意分配。

研究發現：相比安全型高自尊個體，脆弱型高自尊個體對消極的人際評價訊息有更大的注意偏向，並且這種注意偏向的內在機制，是注意解脫困難，而非注意警覺。也就是說，脆弱型高自尊個體，在注意到消極的人際評價訊息後，很難把注意力從其中轉移，會較長時間的停留在負面資訊中。他們非常在意同伴評價，甚至會過度追求同伴認同，但在與同伴交往中，卻傾向於把正向資訊解釋成拒絕的資訊，對別人的好意持有更多的懷疑。還有研究發現：脆弱型高自尊個體對憤怒面孔比快樂面孔更敏感。

可能在脆弱型高自尊群體的眼中，世界就像被蒙上了一層灰色的濾鏡。他們渴望得到他人的認可，卻也因這渴望而對負面資訊更為敏感，感受到拒絕的他們，更容易採取言語攻擊等策略來進行自我保護，最終導致——明明是想靠近，卻孤單到黎明。

脆弱型高自尊的未來

關於脆弱型高自尊的研究，大多數都揭露了該特徵的負性影響。但換個角度思考，雖然脆弱型高自尊否認了自我內在的消極感覺，但這種行為是否也展現出了他們對積極美好品質的嚮往，以及一定的自我調節能力呢？我認為相比於純粹的低自尊個體，脆弱型高自尊是具有一定適應性與可發展性的，研究可考慮如何針對其特性進行干預，幫助個體獲得更好的自我價值感。

另外，柯尼斯整合了穩定性、防禦性、相依性與一致性的特點，將高自尊分為脆弱型與安全型。這種分類雖然較為全面的劃分了高自尊，但同時也會存在不夠細緻的問題。比如低外顯–高內隱自尊個體，雖然會被劃入脆弱型高自尊群體，但是他們的外在表現行為，顯然有別於大部分脆弱型高自尊個體。比如，防禦性行為在低外顯–高內隱群體上，可能表現為「自我貶損」，以通過抱怨自身的缺點，來傳達出「我覺得自己十分特別」的隱性自戀。因此，我認為有關高自尊的分類理論還需進一步完善細化。

以及我們需要思考的是：為什麼脆弱型高自尊，會去否定自我內在的消極感受？這其中是否受到社會贊許性的影響？比如男孩子從小被教育哭是不好的，久而久之，他們習慣於掩飾自己的悲傷。以此類推，自卑與低自尊等被社會所厭棄的特徵因此需要隱藏，但長此以往，個體所感受到自己內在與外在的分裂，又可能加劇自卑感的形成。

假如，個體能夠無壓力的表現出自己低自尊的事實，低自尊、無能的人不再被厭棄，或許就不會有脆弱型高自尊群體了。換言之，我認為脆弱型高自尊等現象的出現，有可能並不只是個人自我悅納的問題，同時也是社會悅納的問題。雖然社會不會仁慈到為個人負責，每個人還是只能背負各自的枷鎖前行，但心理學或許就是那一把打開枷鎖的鑰匙吧。

世事已夠難為，你就不要再為難自己

生命並不仁慈，但我們可以善待自己

王麒鈞

自我關懷：請先學會愛自己吧

綜藝節目《我家那閨女》裡有一集節目，網路名人 papi 醬和藝人焦俊艷談論愛情與婚姻的觀念問題，papi 醬對自己人生中最重要的角色做了排序，依序是自己、伴侶、孩子，最後是父母，然而這一排名引起了現場的父親們和網友的熱烈討論。父親們普遍認為：孩子應該是第一位，父母在第二位，自己排在後面。網友們觀點不一，但的確有非常多人贊同父親們的觀點，其中還有一部分比較年輕的七年級生，甚至八年級生。

這種對自我的忽視，反映的其實是中國傳統儒家倫理道德要求下的一種社會文化現象——被讚頌的是「春蠶到死絲方盡」的無私奉獻，被傳揚的是「鞠躬盡瘁，死而後已」的忠義之志，被推崇的是「克己復禮」的歸仁之道。在這種文化下，誇讚自己是可惡的——電競賽前賽後囂張的狠話，變成網友攻擊、厭惡選手的理由；按自己的想法生活是可恥的——頂客一族、不婚一族被打上自私、不負責任的標籤接受批判；甚至連表達自己的訴求和好惡都是羞愧的——我不優先考慮其他人的想法，難道不是太過自我了嗎？我們努力的愛著世界，卻發現找不到人毫無保留的愛我們。那麼，在愛別人之前，請學著好好愛自己吧。

克莉絲汀．聶夫（Kristin Neff）首先提出了「自我關懷」（self-compassion）的概念，希望將自己從人生的監牢裡解脫出來。**自我關懷不是自憐**——不是沉浸在自己的痛苦中與世界隔絕；**自我關懷不是自我放縱**——善待自己，不意味著放任自己欲念的享受；**自我關懷也不是自尊**——我們對自己的同情、理解和善意，不是出於我們擁有過人的價值，而僅僅因為每個人本身都值得被善待。自我關懷，是正視此刻我們正承受著的苦難和折磨，了解並尊重我們人性中不完美、不優秀的部分，而後給予自己安慰和鼓勵。自我關懷包含三個核心部分：善待自己、共通人性和靜觀當下。

會對自己殘酷的人，又怎能指望他關懷別人

善待自己，意味著永遠對失敗、痛苦中的自己保持理解和包容。聶夫的生活並不是平坦順利的，恰恰相反，她遭遇了大多數我們沒有的痛苦。她曾經酗酒、飆車、自殘，不斷的傷害自己，因為童年時父親的遺棄，因為處理自己與戀人關係時的無力，因為那種低落、自卑和自我否定；她曾經背叛自己的婚姻，她在婚外情對象那裡獲得了解和賞識，彌補父親童年時的忽視，而後陷入羞恥、內疚和無價值感的旋渦惶惶不可終日。為脫困境，她加入冥想小組，開始減少對自我的指責與批判，對曾經的傷痛報以關懷，也接受自己導致不忠行為的不足。她是勇敢者，敢於將自己最隱密的「不光彩」和最深切的痛苦剖析給大家看，敢於在沉重的痛苦中走出來，尋找快樂的源泉。

但是，「善待自己」與「自我合理」化似乎很難清楚的區分。接受自己的不足，不是因為有一個可以寬恕自己的藉口，而是因為這些缺陷原本存在，同肢體髮膚一樣，是我們的一部分。避免把壞事合理化成為一件好事，需要對自己誠實，在此基礎上的接受和了解，才是對自己最大的善意。

我們的使命是擴大關懷，擁抱生命之美

共通人性，是讓我們了解自己所經歷的痛苦，也正在其他人身上經歷著的體驗，我們都是宇宙的一部分，息息相關、同舟共濟，這種利用同情、愛和情誼連結起來的歸屬感，讓我們擺脫孤立無援的分離感和脆弱感，真正與自己達成和解。

譚蒂・紐頓（Thandie Newton）發表過一篇著名的TED演講《擁抱他人，擁抱自己》。由於父母種族的差異，她成為一個擁有棕色皮膚的異類——「一個信奉無神論的黑人孩子，在一個由修女主持的白人天主學校」，這種歸屬感和認同感的缺失讓她無法找到自尊，即便她在劍橋大學，以最理智的方式學習人類學，了解種族。這一切在一次剛果進行的治療後獲得痊癒。她在那片美麗的土地上，同那些被殘酷對待的女人們跳舞，感受她們的遭遇、痛苦和死亡，在那種沉重和隔絕中，她尋找自己與世界、與其他人的聯繫，在對他人的同情裡尋找自我的意義。這種關懷，超脫了自我憐憫，擁有帶來幸福的力量。

你無法阻止波浪，但可以學會衝浪

秉持靜觀，是對此刻發生的事情保持清醒和非評判性的接納，喬．卡巴金（Jon Kabat-Zinn）在《正念療癒力：八週找回平靜、自信與智慧的自己》（*Full Catastrophe Living*）中將其解讀為不評判（Non-Judgemental）、耐心（Patience）、初心（Beginner's mind）、信任（Trust）、無為（Non-Doing）、接納（Acceptance）和放下（Letting go）。

我們往往很容易陷入過度認同的旋渦中。我還記得國中時，我因為同學調侃我和坐我旁邊的同學的關係，在體育課上大哭起來。回憶起來，是他們的話語傷害到我了嗎？其實沒有，是我自己沉溺在當時無法解釋、無法擺脫的煩躁、焦慮和羞憤裡，而衍生出來的委屈和傷心。每個人都是戲精，在自己的劇本裡給自己加戲，誇大所有情緒。但這種過度反應，只會導致失去對事件本身和解決方法的關注，以及給周圍人帶來的無形壓力和負面情緒。而靜觀，引導我們從覺察到的狹隘中擺脫出來，避免在感情和思維裡迷失，更加有效的處理我們所面臨的困境。

自我關懷在生活中得到了愈來愈多的關注。聶夫與克里斯多福．葛莫（Christopher Germer）博士，於二〇〇九年聯合創辦的靜觀自我關懷課程，已經在全世界二十二個國家被推廣講授，被廣泛的用於積極生活的建構。自我關懷幫助上班族放鬆心情，與同事建立更加和諧的關係；幫助維護家庭的和諧，安慰新手媽媽處理親子關係與婚姻關係。但同時，自我關懷在提供觀念、思想上的調整之外，給予的可行性實踐建議是非常有限的。在沒有機會接受正規的課程訓練時，通過相關書籍的閱讀，以及像靜坐、冥想、身體掃描這樣的練習，真的能夠發揮效果實現自我關懷嗎？這仍然值得更多實例的檢驗。而如何避免自我關懷淪為華而不實的心靈雞湯，將是這個領域在未來需要持續關注的焦點。

你似孤勇的船長，赤誠又善良

「可能自我」就像北極星，要相信它為你指的路

李斯雯

不將就，不妥協，不停留
一腔孤勇
世界盡在眼前

提及夢想時，你的眼裡有耀眼光芒

每個人都會有這樣的一段時光，與摯友或促膝而坐或臥看星空，一邊感歎過往，一邊暢想未來。我們會不經意的許諾未來：

「將來我要成為一個職場達人。」

「我認真、努力唸書，期末應該可以拿到好成績。」

「長大後，我不要成為像〇〇〇那樣的人。」

哪裡有陰影，哪裡就有光

這些有關未來的自我描述，以及與個體潛能和未來形象有關的自我知識，即是「可能自我」。可能自我包括三個部分：

- **希望自我：**人們想要成為的自我形象。
- **預期自我：**人們認為自己可以實現的自我形象。

● **恐懼自我：**人們害怕成為的自我形象。

一方面，「可能自我」是個體對於未來狀態的表徵，具有相對不確定性。另一方面，它是基於「過去自我」和「現在自我」的表徵，具有一定的連續性。因此，可能自我是一個寬泛的、多角度的結構。

一條忽溫颪至，因循小暑來

可能自我是一個開放的動態自我系統，具有穩定性與變化性、主觀性與客觀性、語義性與情節性、個體性與社會性等多重特點。這些特點相互作用，使其成為一種複雜的心理現象：

● **穩定性 vs 變化性：**可能自我與過去自我和現在自我具有連續性，因此具有穩定的人格特徵。但由於可能自我是指向未來的，是一個長期動態的過程，會受到社會角色、社會情境和個人發展等的影響。例如：研究指出年輕人的可能自我較集中在學業成就、事業、婚姻家庭、親子關係等方面；而年長者則在健康、休閒、生活方式等領域，擁有較多的可能自我。可能自我具有一定的穩定性，但也會被不斷的完善，修正或放棄。

● **主觀性 vs 客觀性：**時間距離是客觀的，對於任何人來說，十年都是同樣長的時間，但人們對於時間距離的知覺卻具有主觀性，同樣是十年的時間，時間建構水準高的人會產生更大的心理距離感，認為其更加遙遠。因此，可能自我是自我在未來的客觀展現，也是個體對未來的主觀表徵。

- **語義性 vs 情節性：**人們可以用語言描述自己的可能自我，對其屬性進行抽象概括，因此，可能自我具有語義表徵。此外，個體對可能自我的表徵還會受到社會情境的影響，個體在特定社會情境中，對可能自我會有特定的心理想像或模擬。
- **個體性 vs 社會性：**個體的可能自我形成，受到個人經歷、理想與價值觀的影響，因此，個體的可能自我千差萬別，各不相同。但是個體的理想、價值觀等是由社會文化、性別角色、他人預期等外部因素塑造的，因此又具有一定的社會性。例如：文化差異可以導致可能自我內容和結構上的差異。

要有所熱愛，要熱淚盈眶

雖然可能自我是指向未來的，充滿了未知，但它卻可以指導人們的行為，對人們的決策、動機和心理健康等諸多領域產生影響。有研究指出：可能自我具有重要的動機功能，可以指導並調整人們的行為。如果青少年的可能自我是成績優異並且害怕失敗，那麼，他們會有更低的犯罪率以及更好的成績。

當我們面臨多種選擇時，可能自我可以幫助我們更輕易的做出決策。每年的畢業季，畢業生都不得不對自己的發展方向做出抉擇：就業、考研究所，還是留學，思考一下自己的可能自我，會有助於他們做出決定。同時，對積極可能自我的思考，可以增強個體的積極知覺，進而對心理健康產生正面影響。研究發現：獲得積極可能自我的青少年，具有較高的自尊水準。當我們考試失利時，如果我們認為自己下學期會更加努力並拿到好成績，那麼消極的現在自我所產生的負面影響，就會得到有效緩解。由此可見，可能自我對人們的影響是多領域的，滲入到生活的各個層面。

鑒於可能自我的功能如此強大，人們已經在職業指導、教育教學、行為管理、心理諮詢與治療等多個領域，廣泛應用可能自我。職業顧問引導來訪者從不同角度考慮可能自我，可以幫助其確定合理的職業規劃，拓展對未來的認識；教師可以引導學生看到更多的積極可能自我，從而使學生增強面對困難與失敗的勇氣，激發學習動機，提高自我效能感，獲得更好的學業成就；諮商師可以通過認知重建、情感表達、尋求社會支持、問題解決等方法，幫助來訪者明確其可能自我，從而激發其積極情緒與問題解決的動機。

可能自我就像北斗星，總是為我們前行的腳步指明方向。雖然會偶有烏雲遮擋，雖然其光亮會時強時弱，但只要我們步履不停，不斷追尋，終會在未來與其相遇。

MEMO ——

在過去自我和現在自我的陪伴下，
積極走向光明開朗的可能自我。

每一個偉大的靈魂都是「雌雄同體」

從「單一性別標榜」臻至「雙性化」的人性超展開

劉䋲含

從性別劃分說起

曾經聽過一個與性別角色有關的神話傳說，大致是講人類原本是男女同體的，由於神靈的懲罰，才將人類劃分為兩個不同性別的群體。柏拉圖曾經打過一個奇妙的比喻：很早之前，人的身體像一個圓球，一半屬於男性，一半屬於女性，但不幸被從中間一刀斬斷，於是每個人的一生都在尋找人性另一半的缺憾。

而關於這一點，來自不同國度、不同語言、不同性別創作者的文學創作中，也記載著相似的表達。維吉尼亞．吳爾芙（Virginia Woolf）曾經說：「每一個偉大的靈魂都是雌雄同體的」；研究尼采的學者周國平在書裡也寫道：「最優秀的男女都是雌雄同體的。」

而我們這代人的成長，恰恰是這種觀念滲透的縮影——小時候一直被教導：做為男生或者女生，應該按照社會期望的要求行動，不能逾越性別角色的天塹；而長大之後，卻面臨著雙性化在社會交往中更具優勢的現實，甚至失衡到諸如「女漢子」等詞語的走紅與自我標榜。

從「單一刻板」的性別角色到「雙性化」的發展與培養趨勢，我們對於男性氣質與女性氣質的了解與認同，經歷了哪些變化？雙性化本身又有什麼優勢？這必須從性別角色劃分說起。

男性氣質與女性氣質：不是兩岸，而是東西南北的殊途

性別差異研究由來已久，但最初關注的卻是兩性在智力方面的差異，隨後才擴展到兩性氣質差異。所謂「男性氣質」（masculinity）與「女性氣質」（femininity），分別指的是普遍社會期望中認為男性或女性應該具有的心理特點。研究者曾經利用不同年齡組的大規模群體樣本，歸納與不同性別氣質有關的人格因素。其中男性氣質往往和工具性、獨立性和外向性聯繫在一起，譬如堅定、勇敢、更願意扮演領袖的角色，或表現出更為強大的自信；而女性氣質則與移情性比較有關，包括有同情心、願意體察他人的情緒等。

在傳統性別角色觀念中，男性氣質與女性氣質並非兩個獨立面向。在一九三六年，路易斯．特曼（Lewis Terman）和華特．麥爾斯（Walter Miles）提出：將兩性氣質做為同一面向的兩極觀點，並製作了自我報告式量表，對個體進行測量。

受到這一理論的影響，一維兩極的性別角色模式，一直在心理學研究領域占據主流。早期的研究與測量，都建立在兩個假設基礎上：首先，男性氣質和女性氣質處於對立狀態，在個人身上這兩種特徵有著必然相反的關係。其次，只有具有與生理性別相一致的性別氣質（即男性化的男性和女性化的女性），才能獲得心理上的健康發展與適應能力。因此在這一前提下，分數趨於中間的個體（也就是所謂的「中性化」）則被認為缺乏優勢。

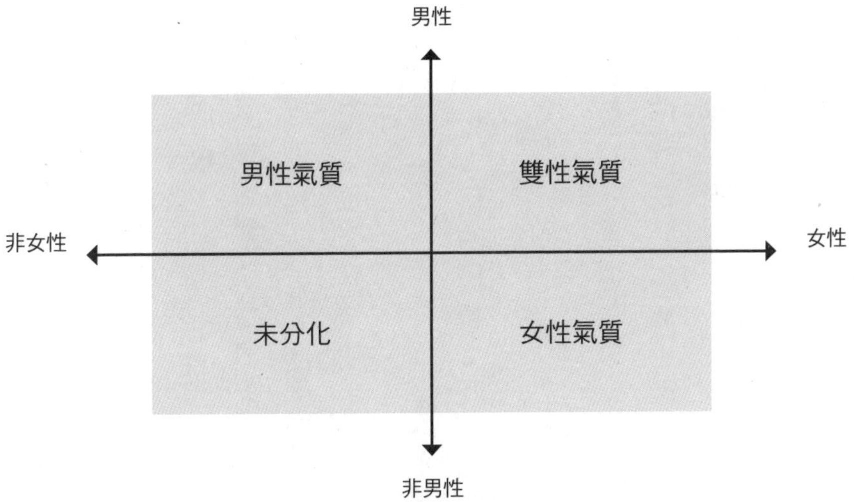

【雙性化理論概念圖】

而隨著社會的變革，男女性別完全對立的觀點逐漸受到抨擊。艾莉絲・羅西（Alice Rossi）首次提出了「雙性化」的概念。桑德拉・貝姆（Sandra Bem）則以此為基礎，製作出了性別角色量表（Bem Sex Role Inventory，簡稱BSRI），遵循平衡模型，提出目前最被廣泛接受的性別角色二維理論。

在這一理論中，男性氣質與女性氣質分屬於兩個不同的正交矩陣，每個矩陣的兩極分別為「男性－非男性」、「女性－非女性」。每個人都可以用心理雙性加以描述，是男性氣質與女性氣質的組合體。如果男（女）性氣質占主導，個體就會被視為男

（女）性化型個體；如果兩種性別氣質都表現較少，這個人就被界定為未分化個體。

而所謂「雙性化氣質」（androgyny）則是這一理論框架中一種綜合的人格類型，這類個體跨越了生理性別的限制，既具有女性化特質也具有男性化特質，同時表現出男性與女性的興趣、能力與愛好，甚至兼備男女性的不同優點，達到一種平衡狀態。在實際操作中，雙性化氣質的個體一般被定義為：在完成性別角色量表的同時，在男性氣質矩陣與女性氣質矩陣，都取得較高分數的人。他們常常能自由的表現出男性化或女性化的行為，既堅定獨立，又足夠親和；既能在一個團體中掌控大局，又能體察每一位成員的情緒——這也就是貝姆所標榜的理想性別角色。

雙性化人格的優勢：既感到幸福又受歡迎

在貝姆的看法中，具有典型男性氣質或典型女性氣質的性別高度分化者，會更容易將性別的社會標準內化，排斥另一種性別氣質的行為。而雙性化個體面對紛繁複雜的問題，較能夠依據情境完成靈活的自我調節，因此，是一個更為理想的性別角色。後續湧現的許多研究，也都為這一觀點提供了證據。

（1）社會適應與心理健康

一系列心理健康的調查發現：相比於典型的男性氣質或女性氣質，在面對壓力情景時，雙性化的個體，表現出更好的適應力與可塑性，保持更高的心理健康水準。不僅如此，在被問及未來發展的相關問題時，雙性化氣質的大學生，也表達出對於適應與發展方面更強的自信心。這種優勢，在東西方文化背景下的研究中均能有所體現。

（2）主觀幸福感

主觀幸福感（Subjective Well-Being）是人們對生活所做出的認知性與情感性的主觀評價，反映了個體一段時間內的情感反應和個體滿意度。

因此，相比於事情本身，我們對事情的「信念」與「解釋」更能夠決定幸福感受。而強生（Johnson）等人結合性別角色模型與幸福感的測量研究顯示：雙性化氣質的個體，具有較高的主觀幸福感。這一結論在中國大陸的本土化研究當中也得到了證實，這可能與雙性化個體面對不同情境時，能運用更為靈活的方式加以解讀有關，因此能夠保持較高的滿意度。

（3）創造力

相比於某一性別氣質個體，雙性化人格的個體在創造力測試（CFT）中得分顯著更高。這可能與雙性化個體不受到某一種思維框架的約束，對於新事物和新思想，保有更加濃厚的開放性與好奇心有關。

歐洲中世紀著名作家克里斯蒂娜·德·皮桑（Christine de Pizan）就是一個很好的例證。作為歐洲歷史上第一位以寫作為生的女作家，她擁有女性氣質的敏銳與男性氣質的理性，在作品中以創造性的方式，表達她對於社會問題的看法。在《淑女的美德》（*The Treasure of the City of Ladies*）中她創造了一座新的城邦，以建國者的視角探討了女性精神的發展。雙性化人格模式賦予她新穎的表達與不一樣的視角，她也正是因此而偉大。

（4）人際關係

格林（Green）等人在研究中，曾要求參與實驗的大學生，在看過對於「男性氣質」、「女性氣質」、「雙性氣質」與「未分化」四種虛擬角色的描述後，選擇其中一位做為戀人。無論男生或女生，都默契驚人的選擇了雙性化氣質的個體，在他們心中，雙性化氣質代表著更受歡迎、更有適應能力、更可能成功的形象特點，與雙性化個體相處時的社交壓力也比較低。國內學者的研究也發現：雙性化個體擁有更強的人情味與更加敏銳的社會觸覺，因此在人際交往中表現更為出色。

雙性化人格的發展與培養

為什麼雙性化人格會擁有這些優勢？我們又如何聚焦於培養個體的雙性化氣質呢？

貝姆隨後提出的性別圖像理論，就對這一問題提供了回答。這一理論中，圖式的概念與訊息處理理論基本一致，認為它是一種協助個體有選擇的感知、解釋，和組織新資訊的內部認知結構。而具有某一性別氣質的個體，對於性別圖像的依賴性比較強，在接受新資訊時，會更主動的使用與性別有關的標準進行處理。

雙性化人格模式的個體則並非如此。由於他們同時擁有兩種典型的性別氣質與相應的標準，性別圖像在訊息處理中產生的作用有所下降。與之相對的是，客觀情境本身的角色變得更為重要，因此，在實際接收與處理資訊中有更強的靈活性。雷恩（Renn）的一項後續研究則佐證了這一觀點，研究發現：雙性化個體對於電視節目中，非兩性刻板印象的特徵資訊記憶效果更好，這顯示了他們對於訊息的處理，沒有受到特定性別圖像的制約。

對於兒童發展而言，這一理論的意義就顯得更為重要。社會性學習是兒童發展中的重要部分，孩子們也是在這一過程中建立了某種性別圖像，並結合自身的生理性別不斷的磨合與修正，最終使這種性別圖像成為判斷和評價行為的標準。因此在這一階段中，如何既完成性別社會化，又拒絕性別印象刻板化的制約，則成為備受關注的重點。

一系列針對雙性化教育的研究發現：幼兒教師與家長，在這一階段中有極為關鍵的作用，雙性化的教育觀念、家長與老師的性別觀念，以及相應的服裝、玩具甚至來自照顧者的語言交往，都在潛移默化的發生影響。同時，來自異性同伴的影響，也有助於兒童反性別角色行為的發生，跨性別的遊戲行為是其中的一個關鍵因素。所以，我們需要鼓勵正確的性別觀念，跨性別的玩具、教材，與同伴交往，從而強化兒童的雙性化人格發展。

然而事實是：當前的教育現實與理想，還存在一定的差距。

成都中醫藥大學管理學院講師劉莉，在二〇一二年進行的一項針對女性管理者的研究發現：位於決策層的大多數女性工作者，都表現出了雙性化氣質。然而在長輩的口口相傳抑或通俗的電視劇中，女性管理者卻往往被塑造為一個冰冷、不近人情、不顧家庭的形象，這本身就是來自社會環境的強烈誤導。

事實上，刻板印象、教養方式、教學系統甚至大眾媒體，每一樣在我們社會化過程中有重要作用的東西，都會漸漸沉澱，並烙印在分化後的靈魂裡。當我們反躬自省時，已經知道性別氣質並不是非男即女的線性連續體，更明白雙性化在社會生活中的無盡裨益，那麼發展期的正確教導、社會媒介的合理導向，便是下一步最為值得關注的部分。

畢竟，我們都想成為更好的人，自然也想下一輩也如此。

雙性化的意義在於包容

如果離開心理學的具體研究去觀察和思考人性本身，或許我們會發現：雙性氣質本身的名字叫做「包容」。當鼓吹「女強人」的聲浪愈來愈高，當所謂大男人主義的觀點還固守在男性心中，在這兩方力量的牽扯中，去找到中間最為穩定的平衡點會更為困難。

雙性化不同於中性化，並不是要求女性脫下善解人意的溫柔，在需要力量的領域與男人一較高下。它所呼籲的不是融合，也不是男人和女人丟掉自己的優勢，走向中間點，變成一模一樣的人。與此恰恰相反，它歡迎的是更多不一樣。立足優勢，探索人性另一半的缺憾，既富有本性別的鮮明特徵，又巧妙的揉進了另一性別的優點——從而以精神上更為豐足的方式存在。

「你感覺」不如「你認為」重要

你的自尊，來自你自己的言語暗示

王璿

自尊對幸福感的影響毋庸置疑，一個人對自己的評價過低時，主觀幸福感也會過低。自尊的高低是不易改變的嗎？有沒有可能的方法教人提高自尊呢？

什麼是自尊

簡單來講，「自尊」是指一個人感知到的自我價值感。我們描述一個人的自尊高低時，傾向於將他劃分為高自尊／低自尊。一般來說，我們普遍認為自尊是連續性的，一個人在不同情境下的自尊高低應該是一致的。但有研究證明：自尊會受到言語的影響，從而使得一個人在自尊反饋時表現出明顯的差異。

目前最常用的自尊量表是莫里斯．羅森堡（Morris Rosenberg）自尊量表，該量表由十條自我描述的語句組成，填寫量表時需對這十句話評分，之後通過計分和反向計分，分數愈高者表示其自尊水準愈高。

語言對自我評價的影響

研究指出，語言可以影響我們如何看待一切事物，當然，也包括如何看待自己。例如：具有明顯情感傾向的個體，更容易被帶有「feel」的資訊說服；而具有認知傾向的個體，更容易被帶有「think」的資訊說服。另一項研究顯示：對這兩種動詞資訊做出反應的過程中，被試者的心情和記憶都受到不同的影響。

因此，研究者進行自尊測量的過程中，如果被試者面對的自我描述性語句帶有不同的動詞，那麼他們的自尊也會受到不同的影響。

言語對自尊的影響

在對 Rosenberg 量表進行改編後，形成了兩個版本的自尊量表：一個量表中所有語句中的動詞更改為「think」；另一個版本則全為「feel」。被試者被隨機分配到這兩個版本的量表測試，結果顯示：填寫「feel」版本量表的被試者報告，自尊顯著低於「think」版本，且在將性別做為變數後，更出現了顯著的交互作用，即女性被試者受到動詞提示差異的影響較大。

如何解釋呢？

詞彙不對稱解釋認為：英語中的情感性詞彙偏消極，因此，當被試者接受的動詞提示是「feel」時，被試者較容易檢索出消極的詞彙來進行自我報告。但是，這個解釋並不能解釋這種效應的性別差異。

另一種解釋是：「feel」提示會引起更深的自我加工，因此造成了「真實自我」

和「理想自我」之間更大的差異，導致自我描述更加消極。研究者在實驗中記錄了被試者的反應時間，發現「feel」提示組的反應時間顯著高於「think」提示組，由此驗證了這種解釋。而實驗中出現的性別差異，通過引入「情緒化程度」的變數，也得到了解釋——在自尊報告的過程中，「情緒化程度」是影響這一過程的實質變數，因此，情緒化程度較高的女性受到的影響也會較大。

變得幸福很簡單

也就是說，如果你在對自我進行評價時，多採用「我認為自己……」而不是「我感覺自己……」的句型，就會對自己產生更高的評價，也因此產生更高的自我價值感，從而增強你的主觀幸福感。

你學會了嗎？

自我實現：自信的追求你的追求

鬆開你的安全鎖才能行動，鑰匙一直在你手上

代藝

從馬斯洛需求層次理論談起

「自我實現」這個詞大家一定都不陌生。我認識許多沒有學過心理學，甚至對心理學完全不感興趣的朋友，也會用到自我實現這個詞，來表示他們的目標與追求。我問他們是從哪裡學到這個詞的，他們告訴我在不少書本、講座、培訓中都會講到馬斯洛的需求層次理論，告訴聽眾有關尋求自我實現的意義和重要性。需求層次理論和自我實現的受歡迎程度與應用範圍可見一斑，許多培訓機構也樂於應用這一理論進行講解。那麼，這一理論的魅力到底在哪裡？為什麼會受到這麼多人的青睞呢？首先，我想介紹一下馬斯洛和他的「需求層次理論」。

馬斯洛認為，所有人類都存在著普遍的需求，這些需求按照實現的順序、等級不同，可以分為以下這幾個層次：

- **生理需求：**指的是人們生存下去必須的物質，如水、空氣、食物、睡眠等。生理需求是推動人們行動的首要動力，在滿足這項最基本的需求後，人們才會考慮別的更高層次需求。
- **安全需求：**指的是人們生存下去的安全環境、避免危險與疾病等，也是人們較為基本的需求。
- **愛與歸屬的需求：**每個人都希望與他人、集體建立聯繫，渴望友誼、愛情和歸屬關係。這一需求上升到情感層面，不再是單純物質上的需求。

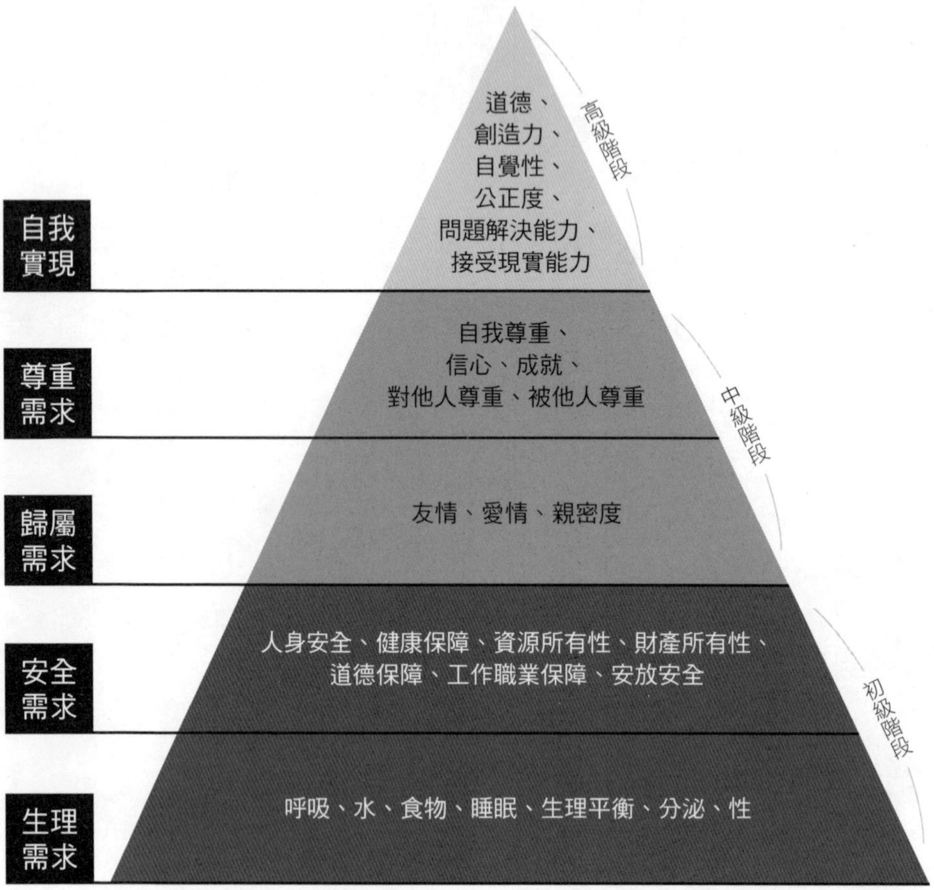
自我
實現
道德、
創造力、
自覺性、
公正度、
問題解決能力、
接受現實能力
高級階段
尊重
需求
自我尊重、
信心、成就、
對他人尊重、被他人尊重
中級階段
歸屬
需求
友情、愛情、親密度
安全
需求
人身安全、健康保障、資源所有性、財產所有性、
道德保障、工作職業保障、安放安全
初級階段
生理
需求
呼吸、水、食物、睡眠、生理平衡、分泌、性

【馬斯洛需求層次理論】

●**尊重的需求**：既包括對成就或自我價值的個人追求，也包括他人對自己的認可與尊重，這屬於較高層次的需求，並非所有人都能得到實現。

●**自我實現的需求**：這是人們最高層次的需求，指的是個體的各種才能和潛能，在適宜的社會環境中得到充分發揮，實現個人理想和抱負的過程，最終達到個體身心潛能都充分展現的境界。這是需求層次中最高層次的需求，是所有人終其一生追求的目標。

以上就是最經典的需求層次理論金字塔，其中所展現的五種不同層次的需要，儘管在後期，馬斯洛也有補充諸如「審美的需求」、「自我超越的需求」等，但這五種需求，仍然可以涵蓋大部分的情形。

這五種需求按照層級逐漸提升，在不同時期會有不同需求占據主導地位，一般而言，只有實現了較低層次的需求，才會產生實現更高層次需求的動力，如果一個人連肚子都吃不飽，還有什麼餘力來進行自我實現呢？當高層次的需求占據主導地位時，低層次的需求仍然存在，只是不會影響到個體的行為。

願你找到自己的追求，並不斷前進

馬斯洛的需求層次理論一經提出，就得到了非常廣泛的應用。

在教育中，家庭和學校都需要關注孩子的生理和安全這兩個基本需求，保護孩子們有關愛和尊重的需求，同時培養他們自我實現的動機和行為。

在公司和企業中，通過關注員工現在的需求情況，制定相應的激勵措施，以滿足他們的各種需求，從而增加工作效率和歸屬感。在消費與市場中，針對不同消費者的需求層次不同，可以設計不同的行銷措施，促進更好的市場經濟運轉。諸如此類的例子還有許多，但都說明了這一理論的廣泛運用。甚至馬斯洛本人晚年，也用這一理論開設公司、擔任諮詢顧問，積極的將其運用於實踐之中，產生了許多非常有意義的結果。

追溯需求層次理論出現的歷史，或許會發現其能夠得到這麼廣泛運用的原因。二十世紀，正是行為主義學派和精神分析主義瓜分心理學天下的時候，前者被戲稱為「肌肉抽搐的心理學」，他們把人的行為視為簡單的刺激產物，忽略了人內在的心理過程；後者把人都當成精神病患，一心想探求他們童年時期都發生了什麼。直到以馬斯洛為代表的「心理學第三勢力」人本主義的出現和崛起，這種二分天下的局勢才被打破。可以說，人本主義的出現，徹底將心理學的關注點拉回到「人」的本身上來。人不是刺激的產物，也並非是在小時候就被決定了，人的行為是出於內在需求，而非完全在外界影響下發生著變化，人們有主動選擇自己行為的權利，這是一種源於人類本能的、類本能性的、內在的需求。這種觀點將行動的自主性還給了人，並意味著人做為主體的主觀能動性和潛力的最大化，人們將有足夠的自由去決定自己的行動、需求和思想。這在當時那個年代，是對心理學發展的極大鼓舞，也是對人的認可與尊重。

這一點，放到二十一世紀的現在也並未過時。現代社會快節奏的生活、碎片化的資訊和速食式的文化，往往讓人們很難靜下心來想想自己到底需要什麼，在追求什麼。需求層次理論和自我實現這樣的論點，恰好能夠促進人們的思考。但是，它並不能給出什麼建議，每個人所喜愛的、追求的東西都大相徑庭，並且絕大多數人也還不知道自己想追求的是什麼（包括我在內），也不知道自己應該如何去做。但是只要有自我實現的欲望，勇敢嘗試，不輕易言棄，終有一天，你會找到自我實現的途徑；即使沒有找到，你在不斷追求的過程中，也會獲得許多意想不到的收穫。

最後，向大家推薦馬斯洛的著作《動機與人格》，書中詳細的介紹了有關需求層次理論及其應用的內容，讀完讓人獲益匪淺。下面是書中我最喜歡的一句話，在這裡分享給大家：「……對於做為人類本質屬性的一部分、更高層次人性的探索意味著什麼——或者更簡單地說，人的精采可以超過他們做為人及其生理屬性。」

願大家在這個浮躁的、快節奏的時代中，都能找到自己的追求，明晰實現自我的途徑，並朝著這個方向不斷前進。

CHAPTER 02

溫柔又暴躁、驕傲又自卑、
懦弱又堅強、熱情又冷漠……
你我都是既神且魔的複合體
自尊與它的龐大血親
在本章檢測中將會一一現形
褪去迷惘和保護色
「山寨的你」終將赤裸邂逅「正版的你」

加油吧，少年

測量你自己：
黑暗又光明的自戀

層層表象裏藏的內核裡，原型的你，正自發光

王軼楠

當超群的才智和精神變態的性格同時出現在一個人身上，
就極有可能造就一個偉人。

——威廉・詹姆斯（William James）

在古希臘神話中，那耳喀索斯（Narcissus）曾是一位英俊的少年。他因在池水中看到自己絕美的臉而愛上自己的倒影，最終憔悴而死，殞命之處長出了水仙花（Narcissus）。這便是自戀（Narcissism）這個詞的典故。

自戀的黑暗面

在心理學研究中，自戀、馬基雅維利主義（Machiavellianism）與精神病態（Psychopathy）被並稱為「暗黑三人格」（Dark Traid），擁有這些特質的人都過分自我中心，無視他人的感受和利益。他們以為自己有與生俱來的特權，對他人充滿傲慢與偏見。他們只在乎自己的目標，選擇無視社會道德規範。甚至為了達到自己的目的，不惜故意操縱他人，毫不在乎他人因此而受苦。

高自戀會讓身邊的人感覺危險、魯莽、自我毀滅和無趣。來看看《精神障礙診斷與統計手冊》（第五版）怎麼描述：

自戀型人格障礙（Narcissistic personality disorder，簡稱NPD）的普遍心理特

徵是浮誇、渴望讚美、缺乏同情心、擁有特權感、妄自尊大、嫉妒。其他顯著的表型特徵，包括人際關係的疏遠和迴避、不安全感、脆弱、敏感、羞恥傾向。

事實上，正如麥克・麥考比（Michael Maccoby）指出的：自戀者的成功，會不斷的強化他們先前就已存在的自大感，更使他們認為所取得的成功全憑自己對正常規則的蔑視與不屑。另外，更有研究顯示：自戀者傾向於在遊戲和戀愛關係中作弊，占有更多的資源，只剩少量資源給別人。以下是他們的一些典型行為：

- 對批評的反應是憤怒、恥辱
- 利用他人來實現自己的目標
- 過度自負感
- 誇大成就和才能
- 沉浸在成功、權力、美麗或完美愛情的幻想之中
- 渴望非合理的優待
- 渴望持續的關注和讚美
- 強迫性利己主義
- 個人主義

自戀的光明面

但是，自戀並非一無是處，它甚至還有非常積極的一面，讓人們更容易獲得成功。從二〇〇五年起，來自英國薩里大學的研究者貝琳達．柏德（Belinda Board）和卡特琳娜．傅利森（Katarina Fritzon），就一直在進行有關成功自戀者的研究。通過研究，他們發現患有自戀型人格障礙、表演型人格障礙、強迫型人格障礙的人，在高層行政管理人員中出現的概率，都比在布羅德莫精神病院（Broadmoor Hospital）裡精神失常的刑事罪犯要高。柏德和傅利森將具有自戀型人格障礙的高層管理者們形容為「成功的精神病人」，而將精神失常的刑事罪犯們稱為「失敗的精神病人」。

他們的研究提示，自戀有時也會讓人們受益。例如：具有自戀型人格障礙的人可能雄心勃勃、自信滿滿、專注於自我，並且能夠充分利用周圍的人和環境來獲得最大收益。具有表演型人格障礙的人，則可能擅長吸引和控制他人，因而在建立和發展商業關係上得心應手。

自戀者往往是其專業領域裡的一個超級表演家。Brain Blogger 網站的維若妮卡．帕穆卡吉安（Veronica Pamoukaghlian）指出：「妄自尊大感，驅使著他們向全世界展示他們是如此的重要。」麥考比在他的書《自戀式領導：打造領導者的成功性格》中提到：自戀者超凡的魅力展現在他們的驅動力、視野、冒險精神，甚至是冷酷無情上。因此，許多企業青睞自戀者的領導能力。

研究者保羅・巴比亞克（Paul Babiak）、克雷格・諾依曼（Craig S. Neumann）和羅伯特・海爾（Robert D. Hare）還發現：「暗黑三人格」和高層管理者的能力之間，存在很多重疊的特質。如果你以自我為中心指揮他人，會被同事認為具有領導潛能；如果你不向他人表露真實想法，會被認為自控力強和性格堅毅；如果你習慣於做誇大的自我評價，會被認為自信；如果你對傷害他人毫無同情，會被稱為敢於推進艱難的決策，和對事不對人的做事風格。

總之，自戀是一種複雜的人格特質，兼具黑暗和光明雙方面屬性，並且，在每個人的身上都或多或少看得出來，讓人既愛又恨，光明面包涵了自信的積極態度，讓人們擁抱成功；而黑暗面則會讓人自滿、自負、自我、自私或冷酷無情。

自戀測量結果解釋

請先把《自戀測量》自己選擇的對應數字加在一起。然後，對照以下解釋了解自己分數的意義。

二〇一三年，亞倫・貝克（Aaron T. Back）等將自戀劃分為光明與陰暗兩個截然不同的面向——讚賞型自戀（Narcissistic Admiration）和對立型自戀（Narcissistic Rivalry）。兩者分別對應自我提升和自我防衛兩種行為策略：

《自戀測量》

請判斷你對以下每句話的同意程度。

	描述	完全不同意	比較不同意	有些不同意	有些同意	比較同意	完全同意
01	我是一個很了不起的人。	1	2	3	4	5	6
02	終有一天，我會成為名人。	1	2	3	4	5	6
03	我應該被看作一個偉大的人。	1	2	3	4	5	6
04	我喜歡向別人顯示我是個與眾不同的人。	1	2	3	4	5	6
05	我非常享受自己的成功。	1	2	3	4	5	6
06	要成為一個特別的人，這種信念給了我很大的力量。	1	2	3	4	5	6
07	在大多數的社交場合，我都能成功地將大家的注意力集中在自己身上。	1	2	3	4	5	6
08	我將以我傑出的貢獻成為大家關注的焦點。	1	2	3	4	5	6
09	通常情況下，我都很善於與別人打交道。	1	2	3	4	5	6
10	大部分的人都將一事無成。	1	2	3	4	5	6
11	除我以外的其他人都是一文不值的。	1	2	3	4	5	6
12	大部分的人在一定程度上都是失敗者。	1	2	3	4	5	6
13	對於我的競爭對手的失敗，我會暗暗竊喜。	1	2	3	4	5	6
14	我希望我的競爭對手失敗。	1	2	3	4	5	6
15	我很享受別人不如我的那種感覺。	1	2	3	4	5	6
16	如果別人在我面前出風頭，我會很惱火。	1	2	3	4	5	6
17	被別人批評我時，我會感到很氣惱。	1	2	3	4	5	6
18	如果別人成為被關注的焦點時，我會受不了。	1	2	3	4	5	6

- **讚賞型自戀：**使個體產生了社會效能，使之與社會環境更相適應，促進了個人的提升，形成良性迴圈。具體包括自大、獨特和陶醉三個方面，即第1～9題的分數加在一起。
- **對立型自戀：**導致社會衝突以及更多的不適應行為，使個體感受到威脅而過度保護自我，與他人衝突形成惡性循環。具體包括貶損、至高無上和攻擊三個方面，即第10～18題的分數加在一起。

【結果與解釋1】（讚賞型與對立型自戀得分均高於36）：

總體而言，你的讚賞型自戀面向得分偏高，同時，對立型自戀得分也偏高。該結果顯示：你能注意到自身的優勢，肯定自我的獨特性，為了成功而努力奮鬥，但有時會因過分追求成功，而與他人產生對立。有時候你可能會有一些自我誇大的想法，那些幻想可能會激勵你做得更好。你希望自己與眾不同，並且常常認為自己很有魅力，也希望自己可以變得很有魅力。但另一方面，你常常會認為自己比別人都強，別人都不如你，但是實現成功靠的是自身的努力，貶低或者嘲諷他人並不能改變自己的個人能力。希望你可以為了自己的理想做出更多行動，讓別人刮目相看。

【結果與解釋2】（讚賞型高於36，對立型自戀低於18）：

總體而言，你的讚賞型自戀面向得分偏高，同時，對立型自戀面向得分偏低。該結果顯示：你能注意到自身的優勢，肯定自我的獨特性，為了成功而努力奮鬥，也不會因過分追求成功而與他人產生對立。你尊重每一個個體，並且能夠關心他人，能夠體會到他人的情緒變化，有著不錯的同理心，意識到他人是獨立的心靈。有時候你可能會有一些自我誇大的想法，那些幻想可能會激勵你做得更好。你希望自己與眾不同，並且常常認為自己很有魅力，也希望自己可以變得更有魅力。這些都是很正常的想法，希望你能積極去做出行動，把這些想法變為現實。你也可以妥善處理與他人的關係，請繼續保持！

【結果與解釋3】（讚賞型與對立型自戀得分均低於18）：

總體而言，你的讚賞型自戀和對立型自戀得分都較低。該結果顯示：你不會因為過分追求成功而與他人產生對立，也不會因為嫉妒他人而貶低他人成功的意義。但是，你對自我獨特價值的肯定方面稍顯不足，因而建議你多關注自己身上的亮點，不斷挖掘自身的優勢，努力爭取屬於自己的成功！

【結果與解釋4】（讚賞型低於18，對立型自戀高於36）：

總體而言，你的讚賞型自戀方面得分較低，同時，對立型自戀的得分偏高。該結果顯示：你能注意到自身的優勢，肯定自我的獨特性，為了成功而努力奮鬥，有時會因過分追求成功而與他人產生對立。建議你能推己及人，既能尊重自己的獨特性，也能發現他人的優點，意識到他人也是獨立的心靈，實現成功靠的是自身的努力，貶低或者嘲諷他人並不能改變自己的個人能力。希望你可以為了自己的理想做出更多行動，讓別人刮目相看！

MEMO ——

自戀並非一無是處，
它甚至還有非常積極的一面，
讓人們更容易獲得成功。

吸引力法則：天哪，大家都愛看別人的「那裡」

每個人心裡都「很多毛」，而且都加入了「外貌協會」

汪涵洋

修過的照片更好看

愛美之心人皆有之，所以在這個「看臉的世界」，人們才會花費大量的時間、精力來維護良好的「身體自我」的形象。比如：去健身房練出肌肉和馬甲線，為了減肥不吃晚餐，買大量的名貴護膚品和化妝品，找專業的髮型設計師打造適合自己的髮型等。為了好看的自我形象而揮金如土的人不在少數。

那麼，「美」究竟是什麼？那些被公認為漂亮的人有什麼共同點？美麗是否有跡可循？如何才能打造出更加有魅力的客觀「身體自我」？

相信這是少男少女們進入青春期以來最為關心的話題之一。進化心理學家認為：每個人都有對他人是否「有吸引力」的一套評判機制，這套機制是通過長期進化得來的，其作用之一是為我們選擇健康、有生育能力的伴侶，從而使自己的基因得以在最大範圍內傳播。那麼，我們認為有吸引力的臉，具有什麼樣的特徵呢？

（1）對稱的臉

心理學家們將普通人臉拍成類似證件照的照片，再將其分為左臉和右臉兩部分。將左臉以鏡面對稱得到對稱臉一號，將右臉以鏡面對稱得到對稱臉二號。之後讓被試者評定「普通臉」和「對稱臉」的吸引力大小，結果顯示：「對稱臉」完勝普通臉。

（2）平均臉

與前一項類似的，心理學家們將成千上萬幅人臉證件照用電腦疊加平均，得到平均臉。再讓平均臉PK普通臉，比賽結果「平均臉」完勝普通臉。

（3）男性喜歡極具女性特徵的臉

美國心理學家讓男性在專門的電腦軟體上操控滑鼠，設計出自己心目中美麗女性的原型。結果表明：最美麗女性的面孔具有極端的女性特徵（比如：更大的眼睛、飽滿的嘴唇、小巧的下巴）。英國、日本的跨文化研究也顯示：最美的女性面孔是那些比女性平均臉還要女性化的臉。

（4）極具男性特徵的臉卻不是女性的最愛

研究也顯示：正如雌激素可以讓女性的臉具有女性特徵一樣，雄性激素可以讓男性的臉更具男性特徵，如更粗的眉毛、更高的眉骨、面部脂肪較少而肌肉更多、更硬朗的下巴和臉部線條。很多研究均一致指出：雄性激素愈高，男性同性競爭就愈多。但女性並不喜歡極端男性化的面孔，些許的女性化特點可以暗示男性適中的雄性激素分泌，從而讓女性覺得其更具有合作意識、更誠實，並且會更有可能適合於撫養孩子。

下面我們以早在一九九四年發表於《自然》期刊（*Nature*）專題討論（Letters to Nature）中的一項心理學研究為例，看看心理學家們是如何進行面孔吸引力研究的吧！

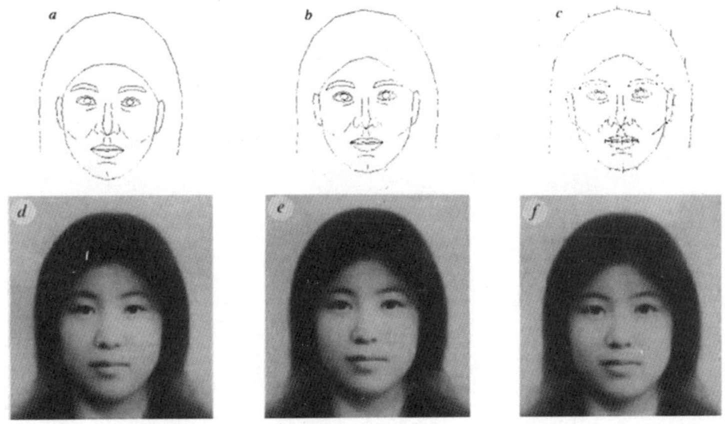

【刺激面孔的形狀與構成】

（引自 Perrett、May & Yoshikawa, 1994）

圖片最左邊是日本女性的平均臉，中間是選擇了十幾位最好看的女性面孔，進行疊加平均合成的，最右邊是將平均臉和好看平均臉的差異擴大五％之後形成的圖片。通過一系列實驗的平衡和控制（實驗設計就省略了，簡單來說就是讓被試者進行吸引力評定），結果發現：最右面的合成圖片被認為是最好看的臉。我第一眼看上去的時候，並沒有發現這三幅圖有何不同，但拿直尺比對之後還是發現了差別：最好看的面孔眼睛更大更明亮、額頭更飽滿、嘴巴大小適中但嘴唇豐滿、下巴更小。

這也就解釋了為什麼自拍神器「美圖秀秀」的萌圖功能受歡

迎，因為用美圖秀秀自拍時，軟體會自動擴大我們的眼睛，遮住我們的大鼻子，縮小我們的下巴，而這麼做都可以讓我們的面孔看起來更好看。

以上，我們對有吸引力的面孔的探討就接近尾聲了，至今，心理學家們發現的「高顏值祕密」就是以上這些內容。希望大家可以站在巨人的肩膀上，科學的改善自我！

小心！你的大腦洩露了你看見美女時的想法

維克多．約翰斯頓（Victor S. Johnston）和奧利佛．羅德里格斯（Oliver Rodriguez）在一九九七年使用事件相關腦電位（Event-Related Potential，簡稱ERP）的方法，探究了當男性看女性面孔時大腦的反應。結果顯示：相比於看女性平均臉，男性看到更加女性化的面孔時，特定腦區的誘發電位更大。男性和女性均認為「更女性化的面孔」更好看，但只有男性在看更女性化的面孔時有很大的P300反應，這意味著男性在進行有關情感價值的腦部活動。

另一項使用正電子放射斷層掃描（Positron Emission Tomography，簡稱PET）的研究也顯示：當男性在評定女性面孔的吸引力時，兩個左前額皮質區域的大腦血流量增加。有吸引力和沒有吸引力的女性面孔，啟動男性的腦區不同。隨後，有心理學家對男性和女性被試者使用fMRI對這一領域進行研究，結果發現有吸引力的

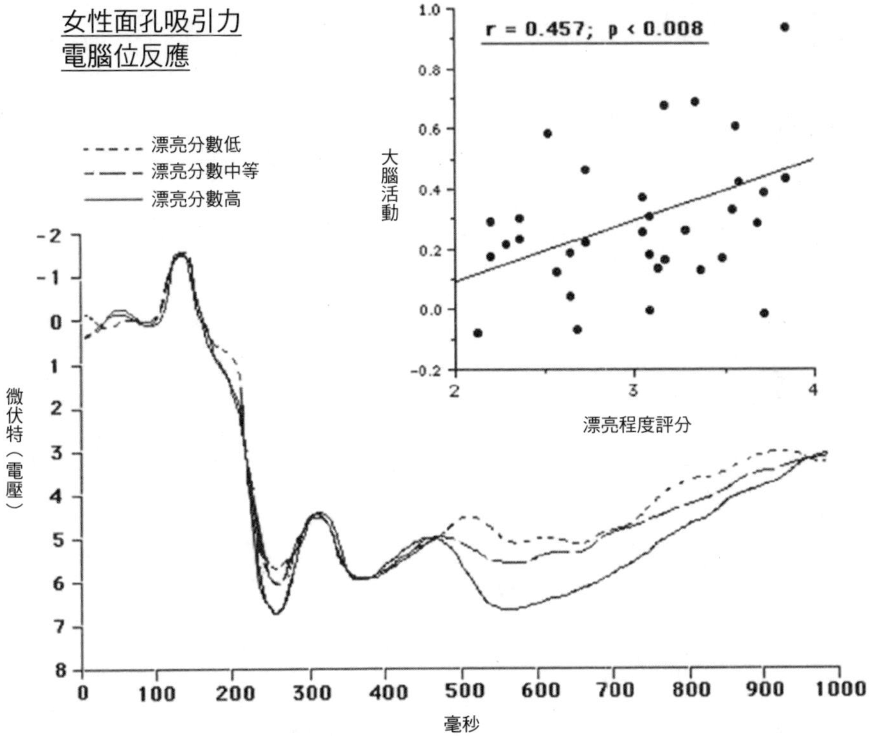

【女性面孔漂亮評分與大腦活動間的關係】

（引自 Johnston & Oliver-Rodriguez, 1997）

面孔會啟動眼窩前額皮質（OFC），這個區域與「獎賞」的過程有關。這一結果與行為資料的結果是一致的。在行為研究中我們發現：男性會為有漂亮面孔的女性工作，而不是其他的女性面孔或男性面孔。這也解釋了為什麼美國影集《宅男行不行》中，萊納德會對美女鄰居佩妮的混吃混喝甘之如飴，《歡樂頌》裡的王柏川會為了樊勝美而努力工作等。

那麼，同樣參與獎賞過程的杏仁核，是否與面孔吸引力有關呢？心理學家發現：當面孔很有吸引力和沒有吸引力時，右側杏仁核的啟動程度最高，當中等程度吸引力的面孔呈現時，右側杏仁核的啟動程度最低。因為杏仁核是大腦中與情緒、情感有關的處理器，所以從這個結果可以推測：好看和醜陋的面孔，均會引起我們（無論男性還是女性）的情感反應。

在二〇一七年三月分發表在《認知情感行為神經科學》期刊（Cognitive, Affective, & Behavioral Neuroscience）上的一篇研究，探索了人類在看不同腰臀比的女性圖片時，腦區是如何系統活動的。實驗使用ERP研究範例，結果發現：男性與女性對不同腰臀比的女性圖片腦電活動不同：腰臀比為0.7的女性圖片，相比於腰臀比為0.6、0.8、0.9的女性圖片，最大程度上啟動了男性P1水準的正性腦電，但女性沒有出現啟動。這說明男性與女性在「加工」女性圖片時，有不同的腦部活動。

由以上研究可見，有吸引力的女性面孔，對男性來說是一種獎勵物，這解釋了為什麼會出現「一騎紅塵妃子笑」的故事，及「烽火戲諸侯」的典故。大腦的研究使心理學家對人類行為的探索，深入到神經生理的層面，讓我們更加確信一些在行為層面上得到證實的結論。

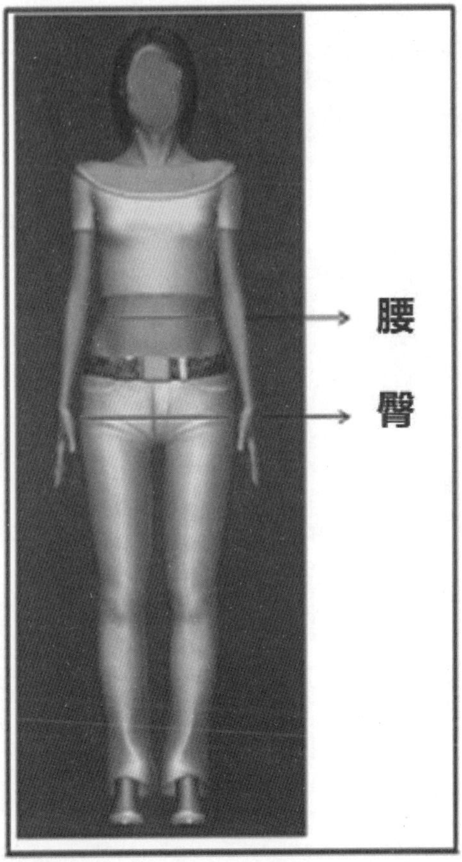

【腰臀比示意圖】

臉蛋和身材，哪個比較重要

男性更看重女性的身材、臉蛋，還是思想？

答：臉蛋和身材決定了我是否想去了解她的思想，思想決定了我是否會一票否決掉她的臉蛋和身材。這條關於男性擇偶觀的回答，在網路上的點讚數破萬，已經成為經典。但是，這個回答真的可信嗎？臉、身材和性格等其他因素，對女性吸引力的貢獻究竟有多大？

二〇一六年，來自清華大學工業工程學專業的同學，以中國男性為被試者，做了一項心理學研究，結果發現：面孔吸引力比身體吸引力更重要。這項研究被發表在英文期刊《心理》（Psychology）上。我在看到作者是清華大學學生時很震驚，當看到他們還是學工程專業的時候就更詫異了，但不能讓刻板印象束縛住我們追求真理的腳步，於是我就總結了一下他們的研究成果（因為作者性別無從考證，說不定是女孩子呢）。

在講清華同學的實驗之前，我們先回顧一篇更早發表於二〇一四年的文章。文章將女性總體吸引力分為面孔和身材兩部分，其中身材指標的測量包括ＢＭＩ（體重除以身高的平方）指數、腰臀比、乳房大小。讓男女被試者對準備好的圖片（分為只有面孔、只有身體以及完整人體三種）進行吸引力的評定。圖片又分為正常著裝和泳裝兩種。結果發現：在正常著裝組，身體吸引力對總體吸引力的貢獻只有三％，但

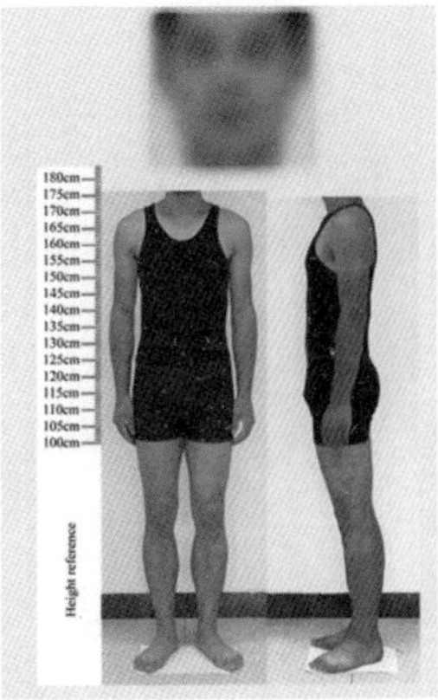

	長期伴侶		短期伴侶	
	身體	面孔	身體	面孔
男性評分者	11（19%）	47（81%）	20（27%）	53（73%）
女性評分者	15（29%）	37（71%）	19（39%）	30（61%）

【男（女）伴侶對身體和面孔重要性的評分】

（引自 Rau, Gong, & Zhuang, 2016）

面孔吸引力占了七十九%；在泳裝組，身體吸引力對總體吸引力的貢獻值為二十九%，面孔吸引力為五十五%。身體吸引力層面上，研究者還對BMI、腰臀比、乳房大小對身體吸引力的貢獻做了回歸分析，結果發現：BMI、腰臀比對身體吸引力的影響是顯著的，BMI愈大，身體吸引力愈低；腰臀比大於0.7，時身體吸引力也呈負性相關。但在控制了BMI和腰臀比之下，乳房大小的影響並不顯著，以往研究也表示：乳房大小對身體吸引力的影響並沒有一致性的結論，這說明乳房大小並不是身體吸引力的有效預測指標。

好，累積了一定的相關知識後，我們再來介紹中國本土研究。

清華同學的研究範本，在前人研究的基礎上稍做了更動，實驗過程提供兩種情境給被試者，第一種是選擇長期伴侶，第二種是選擇短期伴侶。在這兩種不同情境下，讓被試者移動覆蓋在人體圖片上的遮擋物，遮擋物分為兩種情況，第一種是遮住臉部，第二種是遮住身體。被試者只能二選一。實驗結果如圖所示，無論男性還是女性，在選擇異性伴侶時，對臉的看重都高於身體，但女性比男性更關注身體條件。相較於選擇長期伴侶，在選擇短期伴侶時，人們會更關注身體，但這種關注沒有達到對臉的看重程度。

好了，由以上研究可以看出：無論是評定吸引力還是選擇伴侶，人們對臉的重視都大於身材，雖然兩個因素對總體吸引力的影響都很大。而且在身體吸引力的評定中，「ＢＭＩ」和「腰臀」比是身體吸引力的有效預測指標。

腿愈長愈有吸引力

小時候就很好奇，為什麼日本動漫裡穿超短裙的女孩子腿都那麼長，但卻沒有什麼違和感，反而覺得這樣的女孩子好可愛、好漂亮。現實生活中也流行用「膚白、貌美、大長腿」來概括美女的特點，我們人類真的認為腿長更好看嗎？來自日本的心理學家們在二〇一六年發表了一篇文章，專門探討腿長對人們身體吸引力的影響（這些心理學家大概也是對本國動漫裡女孩子腿都很長的現象感到好奇，所以才做了這個實驗）。

早在二〇〇六年，日本就有心理學研究者做過類似的實驗，之後在二〇〇八年和二〇一〇年，也有日本和美國的另一些研究者做過腿長（這裡的腿長其實是指人自然站立時，從足底到會陰的距離除以身高的相對比例，為了行文方便簡稱腿長）對吸引力影響的實驗。但前人得出的結論卻各不相同，有的研究發現：在一定範圍內女性腿愈長愈好看，男性則是腿愈短愈有吸引力；有的研究結論是：無論男女，腿長比平均值多五％的人更有吸引力；有的實驗則認為女性腿長愈接近平均值愈好看。這些不一致的結果，很可能是因為它們採用的實驗素材不同，比如：有的使用線條勾勒出的人體圖片，有的使用人體的正面投影圖片，有的則是呈現３Ｄ人體。

考慮到要最大程度上還原現實情境，並且控制好無關變數的干擾，所以這個最新的研究使用電腦軟體合成３Ｄ人體技術，首先將若干個成年人的平均腿長和身高做為原始人體模型，在控制身高不變的情況下，再依次將腿長設定為原始模型的九十％、九十二％、九十四％、九十六％、九十八％、一〇〇％、一〇二％、一〇四％、一〇六％、一〇六％、一一〇％等，製作出不同腿長的人體模型，呈現給被試者，之後讓被試者進行吸引力的評定。給被試者呈現的畫面如圖所示。

由圖可以看出，愈接近平均腿長的人愈有吸引力，但男女略微有些差異：人們可以容忍女性腿長一點，男性腿短一點；也可以說是，人們比較不想看到女性的腿比平均值短，男性的腿比平均值長。

這個結論符合進化心理學上的「平均值」假說，該理論認為：人類的身體特徵在人群中處於「平均水準」，暗示著基因變異性較小，說明人體更健康，所以也更有吸引力。

但為什麼是使用２D圖片的實驗，得出「腿比平均值更長會更好看」的結論呢？根據這篇文章的作者分析，這可能是受到媒體影響，在人類社會，媒體活躍的明星偶像們，往往有更高的個子和更長的腿，社會學習的作用，使得人們在看２D圖片時，對高於平均腿長的人體圖像更熟悉，也更順眼。但我認為，也有可能是反過來的作用，正是因為人們看２D畫面時覺得腿長比較好看，所以腿長的人才有可能成為明星。因為本實驗使用的是３D類比人體呈現的視覺刺激，所以本實驗的結論與之前的研究並不一樣。

再次提醒，本文說的腿長，其實是人自然站立時，從足底到會陰的距離除以身高的相對比例，為了行文方便簡稱腿長，而不是腿的絕對長度。仔細看結果統計折線圖中平均值兩側的斜率就會發現：其實女孩子腿長比腿短好太多，而且由於人們看２D圖片時，覺得腿長一點比較好看，所以生活中腿長於平均值的女孩子其實更上鏡，拍照也更好看，這與「膚白、貌美、大長腿」的結論並不矛盾。但腿沒有那麼長的女孩子也不需要自卑，只要腿長在平均水準，你的身體在生活中看起來其實更為協調。

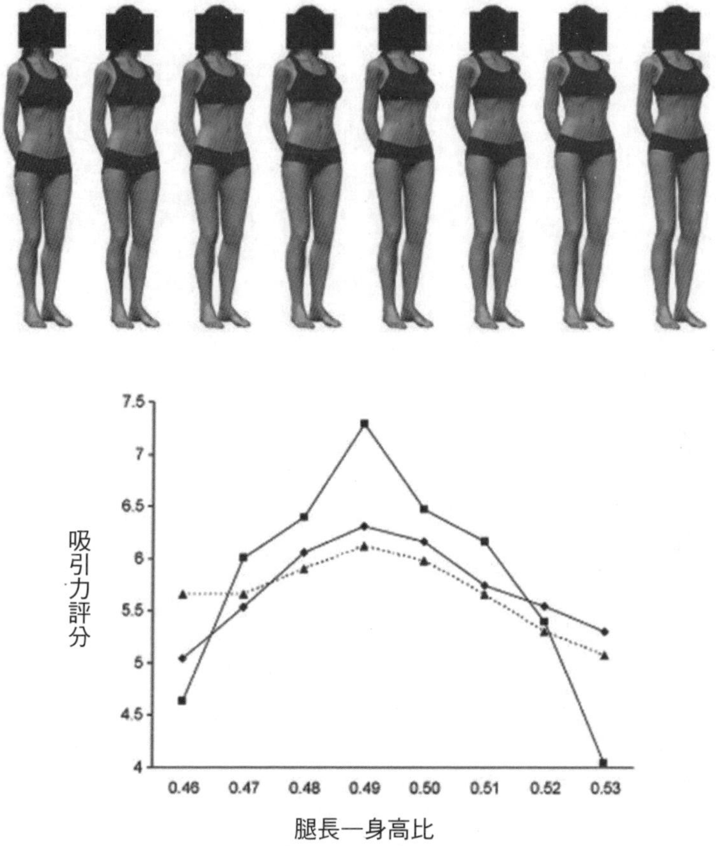

【腿長—身高比與吸引力間的關係】
（引自 Frederick et al., 2010）

從心理學看人類的劣根性

學壞的事特別快！怎麼回事？

李佩玲
鄧禕禕
侯穎嘉
陳羽鑫

人類的本質是美好、善良、明智的，還是自私、盲目、虛榮的？
也許，從心理學家這裡你能找到一些答案。這些答案可能沒有那麼討人喜歡，甚至令人難以接受，但那是真實存在、人性中的不足。我們需要了解它們，才能改變它們。

我們在四歲時就已經會幸災樂禍了

我們相信，孩子是極其富有同情心的。他們會收養流浪的貓狗，會對需要幫助的人伸出援手。
但是，你相信嗎？孩子在四歲的時候已經開始幸災樂禍了。二〇一三年的一項研究表示：即使是四歲的孩子，也會因他人的痛苦而幸災樂禍，尤其是當他們覺得這個人是活該的時候。另有研究發現：六歲時，孩子們會花錢看一個反社會的木偶被暴打，而不是把錢花在貼紙上。
是否感到害怕呢？天使般的孩子，竟也會出現這種看上去偏於陰暗的想法？
這種幸災樂禍出於厭惡與憎恨，似乎是順勢而出現的情感。可是，這是否也表現了孩子的陰暗面呢？這樣的結果究竟是好是壞？
其實，不用那麼緊張。
幸災樂禍是一種正常的心理反應，不用過分當成是殘忍、缺乏同情心的表現。

世界的美好，仍是值得我們相信並追逐的。

我們都是道德的偽君子

你是否為他人亂扔垃圾而感到不齒，卻在教室的抽屜裡留下了用過的紙團？你是否覺得撿到錢應該拾金不昧，但仍然將撿來的錢放進自己的口袋？你是否總是為遊戲裡的隊友搶了自己的「人頭」和 buff（加乘）感到怒不可遏，卻總是忍不住路過時幫隊友「補刀」？

你說垃圾不是我故意放在抽屜裡的，是我走的時候忘記拿；你說撿到錢又找不到失主，報警又麻煩；你說我不是故意搶「人頭」，只是剛好被我補的那一刀殺掉了。但你心裡明白，什麼是道德的，而什麼是違背道德的。從某種意義上講，我們都是道德的偽君子，我們都是道德偽善（moral hypocrisy）。

人們都有「道德偽善」的動機，即在自己和他人「面前」表現得道德，但只要有可能，就會躲避真正按照道德原則行事時所付出的代價，選擇相對不道德而利己的行事原則。

那麼，我們為什麼會道德偽善呢？

雙重歷程理論（Dual Process Theory）認為：道德偽善是理性加工和非理性加工分離的結果。「理性加工」由認知驅動，它會傾向於更有道德的判斷，符合基本的公平準則。而「非理性加工」主要是情緒和信念驅動，它會產生更不道德的判斷，保護一個人的自我形象。

簡單來講，當你做了一件不道德的事，理性加工系統就會迅速告訴你：「你做得太不道德了！你真卑鄙」，但隨後非理性加工系統開始在大腦裡作用，自覺的進行動機推理（也就是自我開脫），它會說：「不，我只是因為……才不得不這樣的」，以保持積極、良好的自我看法。

而心理學家們同樣發現：人們對於同一件不道德的事情，是由自己還是他人實施的兩種不同情況下，對該事件的公平判斷存在差異，差異在於：人們對自己的不道德行為的看法要輕得多。換句話說，對於不道德的事，人們對自己更「寬容」，對他人更「苛責」。例如：我們把伴侶的不忠歸因於他們的性格，而把自己所做的事歸因於環境的影響。

事實上，回想一下我們的日常生活，我們做過有關道德偽善的事不在少數，但了解了關於道德偽善的研究後，我們可以反省自己的這些行為。在這個領域中，另一個很重要的啟示是：對於那些譴責他人道德淪喪最迅速、最響亮的人，我們應該保持警惕，因為他們本身可能就是不道德的，甚至更糟——只是他們不自覺而已。

這是一個世代流傳的問題——我們人類，雖然不完美，但本質上是善良、理智、寬容的生物嗎？或者，在內心深處，我們是否天生就是壞的、狹隘的、懶惰的、虛榮的、報復心強的和自私的？

■人會被那些性格陰暗的人所吸引

從小學就開始看各種警匪片的你，會不會覺得裡面的黑社會很帥、很有男人味，十分有吸引力？

「我為什麼會喜歡那樣的人，對他／她產生崇拜感？」

事實上，這是有科學根據的——

我們不僅選出具有心理病態特徵的人成為我們的領導者，而且有證據顯示：至少在短期內，男性和女性都會被那些表現出自戀、精神病態和馬基維利主義等所謂「黑社會」特徵的人產生性吸引，從而有可能進一步傳播這些特徵。

一項研究發現：當女人被描述為具有黑暗特質（自私、控制欲強和麻木不仁）時，她們對男人的身體吸引力就會增加——與具有相同性格相比（從他的興趣等方面來說）。有一種理論認為：黑暗特質成功的傳達了「伴侶品質」，即自信心和冒險意願。

甚至，還對我們人類的未來有影響……

也許已經有了結果，有人在二〇一六年的另一篇論文發現：那些對自戀男性的臉更有吸引力的女性，往往有更多的孩子。

人都是潛在的巨魔

你是否曾在網路上目睹粗魯的言詞、嚴厲的批評、憤怒、仇恨，甚至威脅……或者你本身就是這些行為的施加者。不少人會瀏覽網路上的地下黑色領域——色情、犯罪和暴力網站——這些他們不會在真實世界探索的領域。這是否證明我們都是潛在的巨魔？

其實，這些陰暗面的確是我們的一部分，然而卻又並非我們的全部。我們傾向於在「社交媒體」上表露我們在「真實世界」較少出現的一面，因為社交媒體的匿名性以及不需面對面交流的特性，給了我們一張面具，讓我們能夠在不暴露真實身分、避免表情與眼神交流的情況下交流。但這並不意味著這種情況下展現的，是完全真實的自己。如果一個人在面對面的生活中包含了他的攻擊性，但是在網上隱藏了這種攻擊性，這兩種行為都反映了自我的某些方面。當一個人在網路世界表現外向，與人面對面時害羞，自我表現都不是全貌。「他們」是那個人的兩個面向，每個面向在不同的情境中展現。

不同的線上交流方式（如電子郵件、傳LINE聊天、視訊）和不同的環境（如社交、職場、幻想）可能促進不同的自我表達。每個情境，都允許我們從不同的角度看待身分。兩者都不一定比另一個更真實。

也就是說巨魔是我們，天使也是我們。

我們相信因果報應——假設「被壓迫的人」是罪有應得

常言道：「善有善報，惡有惡報」，「可憐之人必有可恨之處」。類似的俗語不勝枚舉。我們似乎總是傾向於將不幸之人的艱難處境，歸咎於他們本身的道德有失，堅信他們的苦難是其必得的命運。

事實上，四歲的孩子已經有了這樣的觀念——上天會對那些做了好事的人給予獎勵。然而，我們信仰因果報應的不幸後果，卻已首先在梅爾文．勒納和卡洛琳．西蒙斯的經典研究中得到了證明。

研究指出：當我們無力改變受難者的痛苦處境時，我們會創造出一個自認為存在的公平世界，以此來貶低受難者。這種貶低受難者的行為，可以維護我們對公正世界的信念，愧疚感大大降低。因此，在現實生活中，我們也常常認為受難者罪有應得。事實上，這些冷酷的行為，更像是一種安慰保護機制，使我們在無法幫助受難者時心裡好過一點。

我們更傾向於認為「圈外人」和「弱勢者」低人一等

「非我族類，其心必異」，這是很多歷史小說在發動某場戰爭時都提到的理由。事實上，已經有實驗對此做了研究。

一項腦部掃描研究發現：學生在注視無家可歸者和吸毒者的圖片時，與思考人有關部位的神經活動較弱（相比於注視高地位者的圖片）。此後的多項研究也同樣顯現出了這種公然的「去人性」化形式，甚至還進一步顯示出公然的去人性化現象。例如：那些反對阿拉伯移民，或贊同穆斯林極端分子採取更嚴厲的反恐政策的人，傾向於把「阿拉伯人」和「穆斯林」，從字面上描述為沒有平均水準的進化。

此外，也有證據顯示：年輕人認為老年人低人一等，而人們對於喝醉的女人也有類似的傾向。

更可怕的是，這種傾向在孩子五歲時就已經表現出來了。有研究證明：五歲的孩子已經會另眼看待與自己居住不同城市，或性別不同的人。

我們是狹隘和教條的

我們很多時候認定了的事一定要做，即使在旁人的眼中愚蠢至極。這不僅僅是我們的惡意和不可原諒，在很多方面，人類是令人擔憂的狹隘思想動物。反之，如果人們是理性和開明的，那麼糾正某人錯誤信念的直接方法，就是向他們提供一些相關的事實。

然而，一九六七年出版的一本現代經典著作顯示：這種方法是徒勞無益的。強烈相信或反對死刑的人，完全忽略了這是否會破壞他們地位的事實，實際上是對他們最初觀點的加倍。這樣的事情會發生，似乎在一定程度上是因為我們認為對立的事實會削弱我們的認同感。很多人對自己理解事物的程度過於自信，而當我們相信自己的觀點優於他人時，這就阻止了我們去尋求更多的相關知識。

思考人生？不存在的！

善於思考，是人類區別於其他動物很重要的特質。然而人真的喜歡思考嗎？也許心理學家能給你一些啟發——相比於思考，人們更願意受到電擊。

這個戲劇性的結論是一篇二〇一四年發表的研究所提出，在該研究中，六十七%的男性被試者和二十五%的女性被試者，選擇了令人不適的電擊，而不願花十五分鐘獨自待在房間裡思考。之後的研究也發現：相對於單調而無聊的思考，人們更願意受到電擊，或獨自做一些其他事情來填補空白的時間。

這些結果彷彿都印證了法國哲學家布萊士·帕斯卡（Blaise Pascal）曾說過的一句話：「人們所有的麻煩，都來自他不能獨立思考。」

這足以讓我們反思。

當我們感到很忙，卻又不知道自己為何而忙時，當我們感覺遇到了天大的困難時，不妨停下忙碌的腳步，耐著性子思考一下——儘管這會令我們感到厭惡——也許一切都會變得明朗起來。

我們都是自負的

大多數人都曾有過這樣的感受：鏡子裡的自己沉魚落雁，自拍裡的自己儀表堂堂；身分證上的自己其貌不揚，別人拍的照片裡的自己慘不忍睹。

其實，這之中暗暗揭示了人性的一個特點——自負。在社會學中，「烏比岡湖效應」和「達克效應」闡釋了人們的這種自負傾向。

烏比岡湖效應告訴我們：我們都傾向於高估自己的能力和德行，比如我們的開車技術、智商、魅力等。更諷刺的是，達克效應告訴我們：能力最低的人往往最傾向於高估自己。

而這種自負的現象，在我們對自己進行道德評估時，顯得最為極端而且不理性，有研究發現：監獄裡的罪犯，普遍認為與大眾的平均水準相比，自己會更加友善、誠實，而且更加值得信任。

自負能帶來好處。面對困難時，我們的自負會讓我們更加勇敢的去迎接挑戰；遭遇挫折時，我們的自負能促使我們堅持下去。但同時，我們也應該了解我們的自負，防止我們沉浸在自我美好的幻想中，而止步在完善自己的道路上。

了解自負，從每天早上開始，面對鏡子，不再追問：「這是哪裡來的帥哥／美女」，而是告誡自己：「人醜應該多讀書」。

▌選擇優秀的領導者

很多時候人們都認為一個優秀的領導者，能將整個團隊的能力提升不少。確實，有能力的領導者會帶領團隊避開很多麻煩。遺憾的是，有研究認為：我們更傾向於選擇道德與技能都略微遜色的領導者。

這是一個廣泛的模式：

領導者中擁有心理病態特質的比例高於一般人群。以紐約的金融界領袖為例，他們在心理病態特質方面得分較高，而情商卻低於平均水準。

不久前的一篇綜述總結發現：心理病態特質與領導能力確實存在聯繫——心理病態與較差的領導績效相關。也就是說，許多存在心理病態特質、領導能力並不出色的人，獲得了更多支持，被選為領導者。

不敢相信自己竟然會做出這樣的選擇吧？我同樣存在疑慮：也許是領導者的壓力，導致了更多的心理病態特質呢？

在科學的道路上，我們要抱持批判的態度繼續探索。人的劣根性誠然可怕，面對它們，看清自己，能夠更好的思考人生，發現美好。比如此刻，窗外陽光正好，冬日也暖。

MEMO——幸災樂禍是
一種正常的心理反應，
不用過分當成是殘忍、
缺乏同情心的表現。

生而為人，我很抱歉，但我會努力生活

當我們苟活在一起，竟膽小到連幸福都會怕

張其文

太宰治是文學史上的一個奇人。五次自殺未遂，寫完這部自傳類型的小說《人間失格》後，與情人牽手，投河自殺。人間失格，即喪失為人的資格。

全書從第一章就毫不客氣，強顏歡笑、矯飾輕薄、面無表情的「死相」、古怪、令人生厭，形容了主角從小到大的三張照片。主角葉藏膽小懦弱，懼怕世間的情感，不了解人類複雜的思想，繼而通過搞笑取悅別人，隱藏真實的自己。後來發現飲酒作樂似乎更能逃避這個世界，於是終日放浪形骸，通過酒精、藥物、女人來麻痺自己，最終走向毀滅。

他被身為人最真切的痛苦所折磨，終其一生都在自我厭倦下尋求愛、逃避愛，最後只能毀滅自己。

> 日日重複同樣的事，遵循著與昨日相同的慣例，若能避開猛烈的狂喜，自然也不會有悲痛的來襲。
>
> ——太宰治《人間失格》

這部非常頹喪的作品，常常被我拿來重塑我的價值觀。主角在生活中展現出的懦弱無力，迷茫緊張，只能戴著面具生活而成為一個丑角，與他人交往時，一味屈從對方的要求，為取悅他人，以刻意的賣乖出醜、耍寶搞笑來與他人同化。而面具下永遠是鄙視的臉，冷漠的心。這樣的人生，如何活著呢？主角選擇了飲酒作樂，沉迷酒精、藥物、女人。而想要保持真實自我的我們，在這個複雜險惡的社會又該如何活著呢？「問問老天，不抵抗是罪嗎？」就像余華的《活著》一樣，所有的親人都離去了，所有的苦難都受盡了，能怎麼樣呢，還是要活著呀。

因為我更像一個醜陋的怪物，雖然很想普普通通的活得像個人，但社會卻一直將我當做一個怪物。

——太宰治《人間失格》

膽小鬼連幸福都會害怕，碰到棉花都會受傷，有時還會被幸福所傷。在還沒受傷之前，焦慮得想要儘早保持原狀地分開，並散佈著與往常一般自娛娛人的煙霧。

——太宰治《人間失格》

人類社會對個體的限制是很大的，做為群居動物，我們需要合作，代價就是需要被社會同化。所以在追求自我的道路上，被環境控制和尋求自我真實，永遠互相制約著也共同幫助著前進。而主人公，赤誠又缺乏勇氣。他用「丑角精神」做為對人最後的求愛，可是他根本不會愛，他缺乏袒露自己內心，或是探視他人內心的那點勇氣。「他人即地獄」，在他的眼裡，人與人之間的相互理解根本就是不可能的。

魯迅曾言：「皆滅人之自我，使之混然不敢自別異，泯於大群。」為了融入這個社會，與社會中的他人保持同一性，個體的自我一定會經歷「同化」過程，抹去自我中過度特異的部分，而使其成為更「適應」社會的存在。保持高度自我真實性是非常難得的，我們必須窮盡身邊的資源。「相互輕蔑卻又彼此來往，並一起自我作賤，這就是世上所謂『朋友』的真面目。」我們固然不會像主角一樣這般理解友誼，這將會是我們追求真實自我的路上，一股強有力的力量。

因為怯懦，所以逃避生命，以不抵抗在最黑暗的沉淪中生出驕傲，因為驕傲，所以不選擇生，所以拒斥粗鄙的樂觀主義。

——太宰治《人間失格》

願每個人都能找到真實的自我，不再彆彆扭扭、跌跌撞撞的生存。生而為人，我很抱歉，但我會努力生活。

你在為工作而焦慮嗎

——重拾《焦慮的意義》

困難不是痛苦的來源，逃避才是

陳澤凡

焦慮的內涵

焦慮並不是近代才有，卻是近代才走進人們的意識。對於當下社會的我們來說，焦慮一詞已司空見慣，有關焦慮的種種現象也不再被當成病態。但我們依然很難定義它是什麼，儘管從不同的學科角度，我們可以生動形象的描繪出焦慮狀態的樣子，然而，若是想試圖用陳述性句子來規範它的內涵，就會陷入自證的迴圈之中。

焦慮一詞的英文是anxiety，而追溯西方焦慮意識的起源，我們可以追至文藝復興時期米開朗基羅在畫作中隱約透露出的不安。仔細回顧文藝復興的前因始末，人類可以很驕傲的說出這是一場人性意識的覺醒，人們開始關注自我，開始表達個性。人類不再是神明手下一個按照某種既定規律行動的細胞群——像大自然中的動物那樣——而是思考真正的世界法則。在一次次對自我的審視中，焦慮被挖掘了出來。但在理性和實證主義盛行的文藝復興中，任何模糊不定的東西，都會被對事物規律性的期望而壓制，焦慮的存在和真實性，受到理性的質疑，人們不敢表達自己的焦慮，甚至不認為自己在焦慮。佛洛伊德在精神分析領域提出了焦慮，在《焦慮的意義》這本書出版之後，有關焦慮的討論才逐漸豐富了起來。

羅洛·梅（Rollo May）將焦慮定義為：因為某種視為根本的價值受到威脅時所引發的不安，威脅可能是針對肉體的生命或心裡的存在而來，也可能是針對個人認定的其他存在價值而來。這種不安不同於恐懼，恐懼往往有一個具體對象，但焦慮卻模糊、縹緲、捉摸不定，我們甚至無法說出自己害怕的是什麼。從意識層面來看，除了那種說不清楚、講不明白的不安感，我們看似與正常情況別無二致——不過生理指標卻明明白白的出賣了我們，焦慮時，我們會口乾舌燥、饑餓疲憊，血壓也會上升。它像是恐懼，又像是自卑，或者還可以解釋成更多，它是一種尚未分化的情感，當這種情感有了具體的寄託，才會進一步分化為恐懼、期望等，各種我們說得出名字的情感。

羅洛梅和佛洛伊德堅定的認為：成人的焦慮，最初來源於嬰兒的「出生焦慮」，這是來源於與母體分離的焦慮，也就是人生中第一次體驗分離的焦慮。他們強調出生焦慮的重要性，指出當時害怕的是過早失去母親，或被迫與母親分離，並因此失去相關的價值。然而，根據發展心理學的理論，嬰兒在剛出生時具有人類的初級情緒，包括好奇、悲傷、快樂、恐懼等，卻並沒有提及焦慮。我們也知道嬰兒有依戀和分離焦慮，但其分離焦慮只有在無差別依戀階段，也就是六週之後才開始顯現。嬰兒是否出生即具有焦慮？或許分化的假說可以解釋這種理論的差異，但就算有，這種出生焦慮是否真的會影響人的一生？另一方面，我們知道嬰兒會通過哭泣來表達自己的心情，但嬰兒在出生的時刻並不會立即哭泣（大多都是被護士打了一巴掌之後由痛覺引起的哭），如果他們真的感受到了焦慮，為何不通過哭泣來表達自己？關於焦慮的來源，深受佛洛伊德影響的羅洛梅，並沒有給出非常有說服力的假說。

儘管焦慮的來源沒有被具體的實驗證明，但羅洛梅在書中提出的焦慮分類，依然可以做為我們研究焦慮的參考。他將焦慮分為原始焦慮和神經性焦慮。「原始焦慮」是正常焦慮的共同形式之一，就是人類與生俱來的有限性，也就是人類面對自然力量、病痛、脆弱以及終極死亡的脆弱。而「神經性焦慮」則是在個人無法適切因應主觀而非客觀威脅時，所發生的情況；也就是說，阻礙個人運用自己力量的，並不是客觀上的脆弱，而是他內在的心理模式與衝突。

焦慮的起源

羅洛梅說，當某些因素敲擊了我們知覺經驗的心理結構基礎，即我們的「自我得以與客觀世界區隔」的基礎時，我們就會焦慮。

社會心理學也指出：每個人所認為的社會都是自我的構念，這是建立在個人經驗和感知基礎上的、自我認知的社會。當威脅不再針對枝微末節，反而直指價值標準本身，當我們的構念遭到質疑時，世界瀕臨崩潰，而我們也將無去無從、迷茫無助，恐懼便轉變成深刻而普遍的焦慮，這就是使人感到「自我消解」的原因。焦慮的感知，是因為個人安全的基礎受到威脅，而因為有此安全警示，個人才得以在與客體的關係中經驗到自我，於是主客體的區分也因此崩解。值得慶幸的是，我們所在的社會往往也會有一個潛藏的、普遍認可的社會構念，這個社會構念幫助我們在自己的世界崩塌時，得以躲進另一個世界，從而免於焦慮的痛苦——相應的，我們便喪失了自己的個性，成為一個隱沒於社會之中，可有可無的一部分。

羅洛梅卻沒有這麼樂觀，他說：「在我們的個人價值與目標受到威脅時，我們便無法透過文化價值系統的參照，為自己指出方向來。」他認為，個人經驗中的威脅，不只在挑戰他能否達成目標，而是任何出現的威脅，都在質疑他的目標是否值得追求——換言之，威脅成了針對目標本身的威脅。

總而言之，焦慮往往伴隨著懷疑和不確定，即使是看起來很微小的焦慮，比如某次期末考前的焦慮，即使它表面上並沒有否定我們的價值觀和存在意義，也同樣會引起「現實自我」與「預期自我」是否統一的不確定性衝突。倘若我們意識到這一點，如果用有效的手段加以調節，問題便會得到解決，而如果用無效的手段，則只會讓現實帶來更強的衝突（如考試考砸），陷入惡性循環，最終引發精神方面的病症。倘若我們沒有意識到自己的焦慮，或者低估了它，它就會轉換為疾病。

焦慮會誘發病症，生理學的解釋是：這是由於自律神經系統的平衡帶來的。交感神經系統掌管加速心跳、提高血壓、輸送腎上腺素到血液等，與興奮性的情感如憤怒、恐懼等連結；副交感神經系統則掌管消化、生長以及有機體其他建構功能，與平靜性的情感如放鬆、舒適等連結。兩方既互相對立又互相配合，當一方增強，另一方就會變得更強，以求雙方之間的平衡。我們害怕的時候會心跳加速，以便肌肉的供血充足，增強反應的靈敏和力量，與此同時，我們也會感到饑餓。而從另一個角度，一些病症也可以反映出我們當前的焦慮水準。在一個對於胃潰瘍的研究中，研究者驚訝的發現：病患當前的情緒狀態與胃部的活動頻率強度有關，當他恐懼時，胃部的活動減少，而他焦慮時，胃部活動急劇增加——這與胃潰瘍的症狀完全一樣。

生理機制的運作，都被認為致力於解決某種衝突情況，衝突在主觀上是焦慮，在客觀上便是疾病。羅洛梅總結說，生病是解決衝突情境的方法之一。疾病是縮小自己世界的一種方法，隨著個人的責任與擔心的減輕，比較有機會可以成功的因應情境。而當代人對於疾病的利用，正如同古人利用魔鬼一樣。它是我們釋放內心不安的一個媒介，因此，健康與疾病都是我們一生中，持續不斷與周遭世界調和適應的一部分。

然而，用生物學來解釋焦慮的弊端是：我們總是輕易的將現象與某種病症結合起來，無中生有的產生一些焦慮，並將焦慮簡單的當成是一個生理現象。儘管在某種程度上，焦慮可以通過生理現象表現出來，但它們之間並不是簡單的因果關係，生理現象也並不能完整表現焦慮的各種指標，我們無法忽視焦慮對心理造成可能的認知失調。焦慮在個體中的形成原因和表現特徵，比生理特徵更加複雜。

認識焦慮、超越焦慮

儘管我們說焦慮並不是近代才出現的，它有著漫長的歷史，但是不同時代的焦慮，也是存在共同性與差異性的。

前文提到，文藝復興時期「焦慮」首次被擺上枱面，接受人們的議論。為何人們對焦慮的意識會出現在這個時期？羅洛梅提出了自己的解釋，他認為文藝復興時期的人，雖然戰勝了不讓人們有信仰自由的政教權力，但是嚴重喪失了信仰任何自然科學無法查證事物的能力。這種「內在的壓縮、衝動與恐懼」填補了消極自由所留下的真空，並導致人們失去了能夠證明自我價值的評判機構，不確定性和價值判斷出現，帶來了沒人願意承認的焦慮。為了避免孤立與焦慮，人們被喚起了「變得世俗」的強烈動機，但是它卻會反向運作：個人從屬的代價及時放棄自主性。

中世紀的個人獎賞是透過家庭、封建族群或教會組織；而文藝復興時期的個人獎賞，則是獨立個體與團體的競爭所得。

我個人的觀點是：社會普遍的構念可以把人們從焦慮的狀態拯救出來，但是倘若此人不信任這種普遍構念，或者這種構念並不穩定，那它的作用便不再顯著。中世紀驅散焦慮的理想與社會「信仰」已失去作用，對於文藝復興期間的人，只有那些依然願意攀附在這些幻想上的人，才能夠減輕焦慮。對神的敬畏被理性主義取代，神的安排不再被信任和尊重，取而代之的是對自我力量和價值的追求。以社群為自己名利競技場的強勢者，若被神化並視為理所當然，成功便註定會是競爭性的。整個文化系統都在獎勵自我覺察，方法是要比他人優越或勝過他人。

競爭帶來了比較，比較意味著不穩定和衝突，引發了焦慮。失敗所帶來的社會責難和滿足，遠遠低於自我的滿足，給人一種低人一等的無望感。更糟糕的是，羅洛梅在書中指出的「焦慮創造出敵意，破壞性正是這個敵意的鮮明形式之一。更多的競爭與侵略，只會帶來更深的孤立、敵意與焦慮」。我們可以從中推測，這種焦慮的惡性循環，會進一步加大社會內部的競爭衝突，人們的破壞性更強了。在此基礎上，原有的一切規則都產生了變異。比如說：追逐愛往往是被當成減輕焦慮的手段，但當它是在泯滅個性的競爭架構下進行時，這樣的追逐，反而會增加孤立感和敵意，也因此會使人更加焦慮，最終引爆時代的不安。

不過，這一切並不會無休止的消極下去，羅洛梅在書的末尾依然保有樂觀的預期，他認為科學與資本主義的發展，促成社會成就的關懷。自我因為社會威望而得以確立，緊張與焦慮更因為社會成就而得以減輕。

但羅洛梅或許過於樂觀了，科學和資本主義恰恰帶來了更加個人主義的比較。科學帶來的理性思維，讓我們產生了對未知事物的焦慮——畢竟沒有另一個神可以用來推托所有無法解釋的現象了。而資本主義更加強調了個人的成就和地位不是由天註定的，努力和天賦可以讓一個人獲得社會公認的成功。一旦人們開始思考「為什麼我做不到」時，新的焦慮就此誕生。

更值得我們關注的是，羅洛梅儘管也說：「文化的矛盾與不一致，當然會讓社會成員在面對焦慮時更形脆弱，因為這將為個人增添更多難以決定行動方案的處境」，但這個問題顯然沒有受到他的重視。然而，在羅洛梅留下這本著作將近七十年後的今天，這個問題必須得以重視，因為網路帶來的社會多元化已經顯現出來，並且正在逐漸塑造一個新的文化形式。這個新的文化形式具有極強的包容性，也意味著它內部具有極強的矛盾和衝突，這個情況在新文化形成的初期，也就是現在尤為明顯。

約翰・赫伊津哈（Johan Huizinga）指出：「所有的情緒宣洩，都需要一套系統嚴謹的約定形式，因為沒有這些形式，熱情與暴力便會恣意破壞生活。」但全球化和互聯網所帶來的文化中，「約定形式」被遺棄，個性化被褒獎，每一種文化都想保持獨立，但所有文化都互相滲透。我們完全可能接受一個與自己所處文化完全不同的另一種文化理念，也因此被這種不確定的「約定」而衝擊。近些年焦慮現象的愈發嚴重，便是這個猜測最好的證明。

MEMO ——

所有的情緒宣洩都
需要一套系統嚴謹的約定形式，
因為沒有這些形式，
熱情與暴力便會恣意破壞生活。

為什麼我們總覺得別人的社交生活更豐富

「社交梯」與「社交圈」純屬虛張聲勢

高潔

你是否有過這樣的經歷呢？一個人窩在沙發上吃著零食，打開手機發現朋友們參加著各種聚會，羨慕別人社交生活豐富的同時，又感到深深的失落和沮喪，覺得自己的社交生活貧乏，沒有朋友。

我們之所以在看到別人豐富多彩的生活時，會對自己的生活產生懷疑，是因為我們無時無刻不在進行社會比較。「社會比較」（Social Comparison）是個體在缺乏客觀條件的情況下，利用他人做為比較的對象，從而進行自我評價的過程。從他人的朋友圈了解到的他人生活狀態，很容易被我們做為比較的對象。

以往大量研究發現：人們在進行社會比較時存在自我增強（Self-enhancement）的傾向，常常對自己過度自信，認為自己比別人更聰明、更值得信賴、更有創造力、更道德、更健康、更快樂、更具領導力、更會開車、更擅長自己的母語，且人們認為他們對自我的評價比別人給的評價更準確等。奇怪的是，這種傾向並沒有在比較社交生活時展現出來。

研究者通過讓被試者評估自己和別人在「社交階梯」上所處的位置，來測量人們對自己和他人社交生活的看法，分數愈高，代表社交生活愈豐富。結果發現：人們對他人社交生活豐富程度的評分，顯著高於對自己社交生活豐富度的評分，說明人們傾向於認為自己的社交生活不如別人豐富。

除了梯子，研究者還通過測量人們對自己和他人距離「社交圈中心」的遠近來驗證，離圓心的距離愈近，則離「社交圈中心」愈近。結果顯示：被試者認為自己距離圈子中心比校友、臉書上的朋友、親密的朋友更遠，和上同一節課的同學距離相同，再次證明人們對自己社交生活的態度比較消極。

前面提到，人們在關乎自我的社會比較中，常常存在自我增強的傾向，那麼為什麼在評價自己的社交生活時出現反常呢？

研究者讓被試者比較自己與他人的社交生活，但並不記錄比較的結果，而是要求被試者依次寫下最先想到的八位比較對象的名字，然後對這八個人的社交生活豐富程度進行評分。結果發現：被試者對最先聯想到的人，社交生活豐富程度的評分最高，且回憶的順序愈後，被試者評價的社交生活豐富程度愈低。這說明當被試者比較自己與他人的社交生活時，首先聯想到的是那些社交生活更豐富的人。

隨後，實驗者操縱了被試者在比較社交生活豐富度時，聯想到的那幾位比較對象，即讓被試者回想認識的人中「社交生活豐富」、「獨具魅力，在人群中總是能夠發光」、「總是在與他人社交」的人，或「社交生活貧乏」、「常常迴避社交場合，害羞，且混進人群就找不到了」、「看起來只會一個人宅在家裡」的人，發現只有明確要求被試者回憶社交生活不如自己豐富的他人時，被試者才會對自己的社交生活豐富程度持樂觀的態度。

這兩個實驗的結果證明：被試者對自己社交生活豐富程度的消極態度，是由於社交生活豐富的人「易得性」更高造成的。當人們評估自己的社交生活時，並不會對他們的社交情況做代表性的取樣調查，而是會將自己與心理上更易得的「社會標準」進行比較。這些社會標準往往來源於如社會名流、公司主管等社交活動豐富的特殊族群。此外，熱衷於在社群媒體分享動態的人，往往都是比較活躍、善於社交的人；而內向、不善交際的人則很少在發布動態，常常被我們忽略，因此我們便會形成他人比自己更擅長社交的印象。

除了社交生活豐富的比較對象更易得之外，有關社交活動的動態內容也更易得。你可以通過社群媒體知道愛熱鬧的室友開趴，卻不知道安靜的室友在學習，所以常常會高估前者的概率，低估後者的概率。毫無疑問，當看到他人的社交生活比自己更豐富時，我們會感到孤獨和沮喪。研究發現：當我們進行比較的對象，是那些社交生活豐富的人時，我們的幸福感會降低。尤其是隨著社群媒體的發展，我們更容易接觸到那些社交生活極端豐富的人所發布的動態，感到自己社交生活的貧乏，從而產生孤獨感，生活滿意度降低。有研究顯示：隨機選取被試者，要求他們停止使用臉書一週，他們的孤獨感顯著下降，生活滿意度也顯著提高。

怎樣做才能減少和消除這種社會比較所帶來的負面結果呢？我們無法要求他人不在社群媒體上發布動態，但我們可以減少自己瀏覽的頻率，沒有比較就沒有傷害。此外，我們應該把重心放到實際生活上，關注與身邊人的關係，而不是過度沉迷於社群媒體裡那些社交生活極為豐富的花蝴蝶，幻想擁有和他們一樣的人際圈子。想想身邊關心我們的人，想想自己做過的有意義的事情，我們的生活也並不是那麼貧乏呀！即使沒有那麼廣的社交圈，那麼多的社交生活，我們一樣可以擁有幸福的生活。

長大以後：加油吧，少年

做自己，成為一個你喜歡的「自己大人版」

王翊檀

小時候的你有沒有想過長大後的職業？你喜歡什麼樣的工作？做一個照顧病人的護理師，還是一個搭建高樓的建築師？

男孩和女孩偏愛的職業有沒有不同呢？這種偏愛是天生的，還是也會被後天塑造呢？選擇喜愛的職業時，對性別的認同會不會影響決定呢？

比如，你有沒有聽過大人說：「女孩子當老師多好」或是「男孩子做建築師一定會很出色」？好像女孩子比較適合施展自己的溫柔和關愛，男孩子比較適合發揮自己的理性與創造力似的。

在人們眼裡，職業是不是分成了男性化和女性化呢？比如建築師、工程師是更需要理性和嚴謹的職業，護理師、化妝師是更需要溫柔和細心的職業，前者所需要的特質與男性的典型特質匹配，後者所需要的特質與女性的典型特質匹配。這樣的觀念，會對那些想要從事男性化職業的女孩，及想從事女性化職業的男孩帶來什麼樣的影響呢？會讓他們放棄自己本來的偏好，而向自己性別的職業靠攏嗎？

勞工市場中就存在這種性別隔離現象，即男性和女性在不同的領域內工作，男性主導著建築、工程領域；女性則主導著養育領域。瑞典就是勞動力市場性別隔離非常嚴重的地區之一。有人說這是性別歧視造成的，而事實是，瑞典是一個性別很平等的國家，女性福利也非常優渥，享有產假和種種優惠。瑞典學者薩曼莎・辛克萊（Samantha Sinclair）和理查・卡爾森（Rickard Carlsson）為了探究這些問題的答案，以性別認同為切入點，做了一項有趣的研究。

性別認同威脅理論認為，受到性別威脅的人，會試圖恢復他們的性別地位，做出性別刻板印象的行為。比如，有人對一個男孩說：「你怎麼一點男人味都沒有！」男孩很可能會表現得更具攻擊性，展露男子氣概來證明自己。

青少年對性別身分的威脅和擔憂尤其普遍，如性騷擾、性謠言、性別隔離的同儕，會格外強調性別規範等。一個避免被同儕評判為異類的方法，可能是在一個更加性別刻板的方向上，調整自己對職業的偏好。

此外，瑞典的青少年在十五歲時，必須做出未來發展方向的決定，他們接下來三年的教育會決定是否為大學的研究做準備，如果是的話，這些研究是在藝術還是科學領域，或是直接學習一個特定的職業（如理髮師、電工），在考慮自己的身分時，青少年最常參照的是學校和他們（未來）的職業。也就是說，青少年是職業生涯的關鍵起點，在這個年齡階段做出的選擇，對未來的性別隔離有著重要的影響。

薩曼莎等人想要探究，「性別認同威脅」對「職業偏好」到底有著怎樣的影響，並且這種威脅的影響，和能力威脅的影響有沒有相似性呢？

於是他們選擇以瑞典十五歲左右的青少年為研究對象，設計了一個 2（能力 vs 性別）× 2（威脅 vs 肯定）的實驗，孩子們被隨機分為四組，在課堂上接受了如下測驗：

（1）操縱任務

- **威脅條件下的被試者指導語是：**「列出十個事件／行為，而肯定條件下的被試者，則被要求列出兩個事件／行為，三分鐘內完成」（列出事件的數量是經過預實驗後確定的）。
- **威脅性別認同感組的指導語是：**「列出十件近一個月你做出的男性化／女性化行為，大部分你這個年紀的男孩／女孩可以列出十二件」。
- **肯定性別認同感組的指導語是：**「列出兩件近一個月你做出的男性化／女性化行為，大部分你這個年紀的男孩／女孩只能列出一件」。
- **威脅能力感組的指導語是：**「列出十件近一個月你做過讓你有勝任感的事件，大部分你這個年紀的男孩／女孩可以列出十二件」。
- **肯定能力感組的指導語是：**「列出兩件近一個月你做過讓你有勝任感的事件，大部分你這個年紀的男孩／女孩可以列出一件」。

接下來，使用七點量表分別測量了孩子們的職業偏好、性別認同關注度和任務難度。

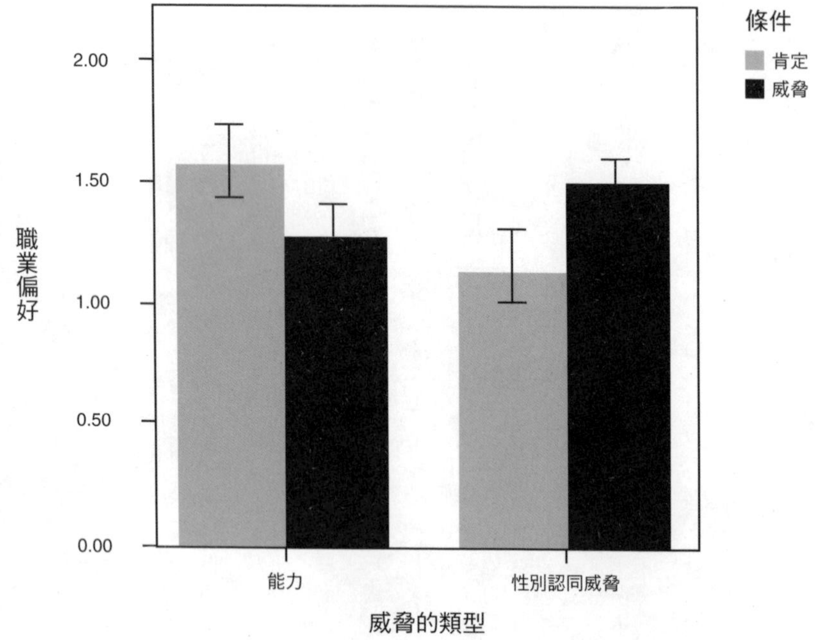

【性別認同威脅與能力威脅的不同效應】

（2）實驗結果

男孩和女孩感興趣的職業的確有顯著差異，女孩通常比男孩興趣更廣泛，感興趣的職業更多，因此男性化職業（如建築師、工程師）比女性化職業（護理師、美容師）更受歡迎。

該結果有兩個解釋：男孩比女孩更有性別刻板印象，如女孩對「女生去做拳擊手」的接受度，比男孩對「男生去做芭蕾舞者」的接受度要高；另一個解釋是，兩個性別對男性職業都有著普遍較高的興趣。

男孩和女孩對性別認同的關注度沒有差異，且對性別認同的關注度能夠預測職業偏好——一些青少年很關注性別認同，這會引導他們發展與自己性別相關的興趣，偏好自己性別的職業。此外，研究者為了排除操縱任務對性別認同關注度的影響，又對一個相似的青少年族群做了一次實驗，刪除了操縱任務，發現性別認同關注度不是實驗操縱的結果。

受到性別認同威脅的被試者，表現出更偏好自己性別的職業；而受到能力威脅的被試者，對自己性別職業的偏好則會減少。性別身分的威脅效應似乎是獨一無二的，因為它無法通過對負面回饋的一般反應來解釋。

實驗結果給我們的啟示

如果青少年在性別認同受到威脅時，做了更多符合自己性別的典型選擇，這些威脅效應，很可能會對勞動力市場的性別隔離產生真正的影響。比如一個喜歡化妝的男孩遭受「娘娘腔」的指責，他很可能會放棄自己的愛好和職業，而去選擇「男子氣概」的職業，堅持愛好對他來說會變得艱難。

當然，性別認同只是對性別隔離研究的一個切入點，造成勞動力市場性別隔離的原因有很多，比如女性需要生育孩子，這是一個需要耗費大量時間、精力和體力的任務，很多高強度的職位會更加偏愛招收男性；瑞典對女性的高福利（如產假、減少工作時間等）也會讓公司更加拒絕女性，因為男性會帶來更大的生產利益。

但本研究也啟示了我們，如果我們的目標是一個性別比例更加均衡的勞動力市場，我們一定要關注男孩和女孩的性別認同，因為今天的青少年，就是明天的勞動力市場，青少年能夠自由選擇自己熱愛的事業，對他們和社會來說都是一種福祉。

MEMO ——

能夠自由選熱愛的事業，
對自己和社會來說
都是一種福祉。

生於不同舞臺，履行不同表演：我有「好幾個我」

公開並盡興的扮演「不同面向」的你

劉耔含

曾經聽過一句很有名的詩：

「你站在橋上看風景，看風景的人在樓上看你。明月裝飾了你的窗子，你裝飾了別人的夢。」

還記得當時念詩的人說，這句詩的最美之處在於：看風景的人毫不經意的裝飾了別人的夢。

「這很難得，因為表演『自己』已經烙印在我們的血肉之中了。」

社會學家歐文．高夫曼（Erving Goffman）則以不同方式闡釋了同樣的觀點：「就如同一個人的真誠與直率或許出現過一瞬間，而當它要變成一種穩定的外顯人格時，依然需要按照表演的一系列程式，將其戲劇化和理想化。」

同時，這種「表演」並非完全自主的。我們每個人，都像是在不同文化背景下的酒中浸泡的藥材，汲取酒中的千般萬種滋味，之後也難免在酒力的驅使下幻化為各式各樣的姿態。

最為簡單直白的表現就是：我們自拍時難免會拉尖下巴、放大眼睛，ＩＧ裡的異國美女，則是會修飾身體輪廓與肌肉線條。

文化背景因素就像集體無意識一樣，根植在我們內心最深處，和本來的願望相互作用。當我們穿好戲服，黑暗裡的布幕後，就會遞出一本被文化潤飾過的劇本。

於是，我們走上舞臺，燈一開，或鞠躬如儀，或桀驁難馴，表演開始——

自我呈現：社會互動如戲，每人扮演一個「行當」

我們並非每個人都是專業的演員，但在這貫穿一生的表演中卻也一向不遑多讓。這種表演就是所謂的「自我呈現」（self presentation），或者說「印象管理」（impression management），具體指的是一系列旨在創造、修飾和保持他人對自己印象的行為。

這個概念最早來自高夫曼提出的「戲劇理論」（Dramaturgical theory）。在他的觀點中，社會互動的本質和戲劇表演基本相同，社會中的每個人都是在扮演一個「行當」（line）。所謂行當，就是對於言語和非言語行為的一套細緻選擇。個體在互動中的樂趣，來自於控制別人的行為，使對方以自己期望的某種方式理解行為，進而做出符合自己計畫中的行為反應。

遺憾的是，做為一位社會學家，高夫曼更關心自我呈現在社會現實建構中的作用，而忽視了內部心理因素在符號式社會交往中的重要性。受這種思想的影響，他對自我呈現的探索，只局限於欺騙性和防禦性的個體行為之上。這種理解如同隔紗觀美人，處於較為宏觀概括的水準。

而鮑梅斯特在這個基礎上，將自我呈現從社會互動中的特殊行為，拓展為更根本的人際過程。在這過程中，我們利用行為去溝通關於自己和他人之間的一些資訊，從而建立、維持或精煉我們在他人心目中的形象。

馬克・李爾利（Mark Leary）和羅蘋・科瓦斯基（Robin Kowalski）一九九〇年綜合過往有關自我呈現的研究，並從中提煉出兩個最為普遍和關鍵的成分：

- **印象動機**：個體試圖控制他人對自己印象的願望和動機，是一種內部心理傾向性，受目標關聯性、所期望目標的價值、期望形象與當前形象差距的影響。這種動機主要包含三類成分：獲得所希望的社會或物質結果、自我提升、塑造一個符合期望的公眾形象。
- **印象建構**：個體決定給他人產生什麼樣的印象，並如何產生這種印象，我們所採取的行為經常受自我概念、角色限制、受贊許的社會形象等因素限制，例如：B君打算在與老闆交流時，用「討好」來展示自己的可愛之處。

這種自我呈現的兩成分模型，得到了廣泛的接受與承認，但具備某一方面的動機，並不足以預測與之有關的行為。例如：我們很可能想給別人留下精明幹練的好印象，但是由於個性特質抑或周圍環境的影響，我們往往羞於採取像是主動表現等的印象管理策略。相應的，我們也可能在某種社會規範的內化作用下，無意識的完成某種印象管理策略。

社會使我們成為當下的「我們」。因此，當我們深入探究自我呈現時，社會背景中的文化因素就成了一道必經的關卡。

文化根源：一場個體主義與集體主義的碰撞

和我們樸素認知相一致的是：不同文化背景下自我呈現的差異，要上溯到個體主義與集體主義的價值取向。

東方文化強調集體主義，人們擁有的是相互依存的自我觀，更習慣於用自己和他人的關係來定義自我，因此，所作所為會受到他人的想法、感受和行動的影響。這種相互依賴的情形，也使得人們更希望通過一些努力來維持和睦的關係與氛圍。而西方文化與此不同，它強調個體主義，人們也更傾向於用自己的想法、感受和行動來定義自我。在這種文化取向下，人們也更認可和尊重那些獨立、有個性、有能力的人。

這種觀點在一系列實證研究中也得到了支援。貝瑞・史蘭克（Barry Schlenker）在二十世紀七〇年代的研究，比較了中美兩地被試者在自我呈現中的價值取向，結果顯示：美國人對於自我呈現的兩種普遍取向是「能力」與「人際關係」；而華人則是「社會道德」和「人際關係」。

在落合泉（Izumi Ochiai）一項有關語言學習的研究中也發現：美國人在學習第二語言時注重實效，稍有進步時就渴望表現自我的提升，常常會犯「注重實效的錯誤」；而做為東方文化代表的日本人，則較會考慮他人感受，並且會認為美國人過於誇耀自己、具有攻擊性。

儒家文化的影響，使得東方人更加強調自我積累，讚賞更為穩重內斂的個體形象；而基督教文化影響下的西方人渴望展現自己，偏好有想法並願意表達的個體形象。不同文化積澱，對於個體在試圖進行自我呈現時的內部心理傾向，也會產生各個層次的影響。

- **行為目的不同：**不同國家、不同文化下，個體進行自我呈現的目的本身存在差異。西方文化中，人們進行自我呈現，往往是為了突出自己的獨特性，顯示自己獨有的價值和存在感；而東方人則多半旨在維護自己的面子，與他人更和諧的相處，更加融入群體。
- **情境啟動效果不同：**不同情境對自我呈現的啟動效果不同，這與所屬文化背景的價值觀、刻板觀念等有關。威廉・馮・希伯（William von Hippel）等人招募了白種人和亞裔做為被試者，參加了一個智商測驗，控制條件是所有被試者最終都只得了八十分，但兩類人對此的反應卻存在顯著的差異。

相比於亞裔，白種人更可能藉由否認智商測驗的重要性來完成自我呈現。這是因為「白種人更不聰明」這一刻板印象的存在，使得他們在此情景下進行自我呈現的動機更為強烈，有更強的意願塑造自身聰明的形象。

策略使用：你，願意帶上哪個面具

事實上，這種文化根源上的不同，不僅決定了自我呈現的意圖和動機，而且也最終展現為對於自我呈現策略選擇上的差異。

相比於東方人，西方人較會使用自我提升策略。柴德曼（Nurit Zaidman）針對同一家公司的研究結果顯示：職場中的大部分以色列人，都選擇不使用印象管理策略，或僅僅使用專注任務本身的自我呈現策略，而大部分俄羅斯人，都傾向於使用諸如展示自己工作能力等自我提升類的自我呈現策略。

而一項針對東西方學生的研究也發現：當北美被試者和日本被試者，同時被告知自己在創造力測驗中成績很差時，北美大學生會忽視這種負面資訊，而只保留對他們予以肯定的回饋，繼續從事能得到肯定的活動，並在後續活動中採用自我提升的策略，不斷展示和加強自己的優點和能力。而日本學生則會保留負面資訊，並進行自我改進，採用自我批評的策略，承認自己的缺點和不足，在不斷取長補短中奮進。

重新追溯內在差異：東方人的內隱自我提升

然而，在社會比較中，自我提升是保持自尊最為常見的方式之一，是否真的在東方人的生活中慘遭棄置？

答案是，不然。

雖然東方人使用自我提升策略的外顯行為，比西方人罕見得多，但在內隱的自我提升方面卻相差無幾。

內隱的自我提升是指：人們會不由自主的把「自己」與「積極事件」聯繫在一起，這種自動化的連結，又會進一步促使人們對其他任何跟自己有關的事物，都產生積極的情緒反應。

一項針對中國青少年的研究發現：當被試者在完成任務後，需要對自己與搭檔進行比較，並從中選擇造成任務結果的原因（即處於人際比較情境）時，青少年被試者沒有做出自利或自貶歸因。但當實驗者告訴被試者，他將與另一個人共同完成一個任務（一半被試者的搭檔編號是與被試者生日相同的，另一半是不同的）時，結果發現：被試者對編號與自己生日相同的搭檔評價更高。這說明即使在東方背景下，個體自我提升的內隱動機依然存在。

我們並非不願意肯定自己，只是會更傾向於不把自己積極面的評價流露在外，因此，東方文化背景下的自我提升，就染上了人際性與隱蔽性的色彩。

文化指向殊途，期望引領同歸

當我們重新思索自我呈現的目的時，會發現說到底，我們都是想成為別人心中那個更好的自己。只是這種「更好」，卻常常以一種模糊的形式存在，要強勢還是溫順，積極表達抑或懂得傾聽。

而文化的力量常常在恰當的時候，為我們指出了一條更為合適的路。

它並非直接告訴我們如何進行自我呈現，而是以潛移默化的力量，與我自身的人格特質與情景要求，完成了一場博弈與權衡，為我塑造出了一個量身定製的劇本。

這與高夫曼說的欺騙性行為不同，因為經過自我呈現修飾後的形象，同樣凝練著「我」的人格與思想。譬如，A君是一個宜人性很高、樂於幫助別人的小天使，但A君並不樂意把辛苦勞動後的作業成果借給他人，但東方文化下對於人際關係的看重，使得A君忍痛分享了作業。——所以於「我」而言，自我呈現的本質同樣是真實的自己，只不過是一個依賴於具體情境與社會而生存的，更加栩栩如生的自己。

而一切都在全球化的漩渦之中，自我呈現似乎也難逃這個宿命。

當我們重新通過網路來窺伺個體的自我呈現策略時，會發現自我呈現的文化差異本身，似乎也在消弭之中。當開放自信成為社會的主流需求時，華人內隱的自我提升也逐漸流露於形。當人際交往被當成一種能力屢屢提及時，西方人在積極自我展示時，也會將旁觀者的感受納入考量。

社會期望的跨文化融合，全人教育的傳播，以人為本和以社會為本兩種不同理念的交叉，讓自我呈現的文化標籤不再那麼清晰，我們登上舞臺前拿到的劇本，也愈發脫離文化特異性。

但文化之間的不同，從來不是為了被刻意彰顯而存在，它只是讓不同社會背景下的自我呈現有了更豐饒的營養，從而讓我們有方向，成為別人眼中更好的自己。

愛是一種決定

——帶著適度的自戀閱讀《被討厭的勇氣》

別人對你有意見，你依然可以喜歡你自己

周婧怡　楊娜　王麒鈞　慶美　范婷婷

《被討厭的勇氣》這本書在講什麼？

它不是一本理論書，它講的是「如何獲得幸福」的問題。「如何獲得幸福」是每個人的人生命題，《被討厭的勇氣》可能給不出標準答案，但至少提供了一些切實可行的方法。本書主要分為五章，主題依次為目的論、自卑感、自由、共同體感覺，與如何獲得共同體感覺。

阿德勒心理學的根基在於目的論，即人做某件事、有某種觀念，是因為他有這麼做的目的，由此得到了「人是可以改變的」這個答案。隨之而來的問題「那人討厭自己的目的是什麼？」的答案則是人際關係。人際關係中的人際比較帶來自卑感，並進一步導致自卑情結和優越情結。在之後的三章中，則講述了如何具體克服人際關係帶來的煩惱。

五夜：追問與思考

【第一夜】緣起

- 行為本身只是達成目的的手段，通過改變目的或者改變手段，就可以達到改變一個人的目的。
- 人要學會改變成自己想要的樣子，而不是別人的樣子，這需要勇氣。

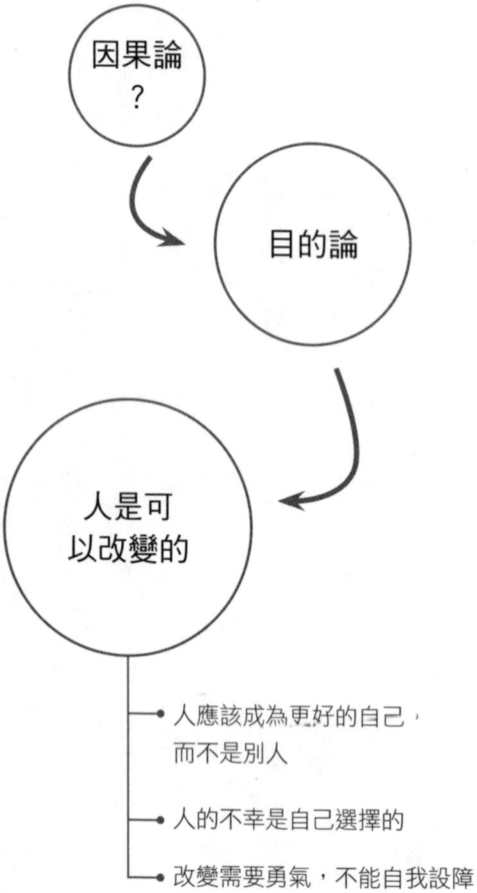
因果論？
目的論
人是可以改變的
人應該成為更好的自己，而不是別人
人的不幸是自己選擇的
改變需要勇氣，不能自我設障

【第二夜】人為什麼會產生煩惱？

- 人的煩惱來源於人際比較，以及理想與現實的落差，這會產生自卑感。
- 學會不與他人競爭，專心成為更好的自己，這樣就不會那麼煩惱啦！

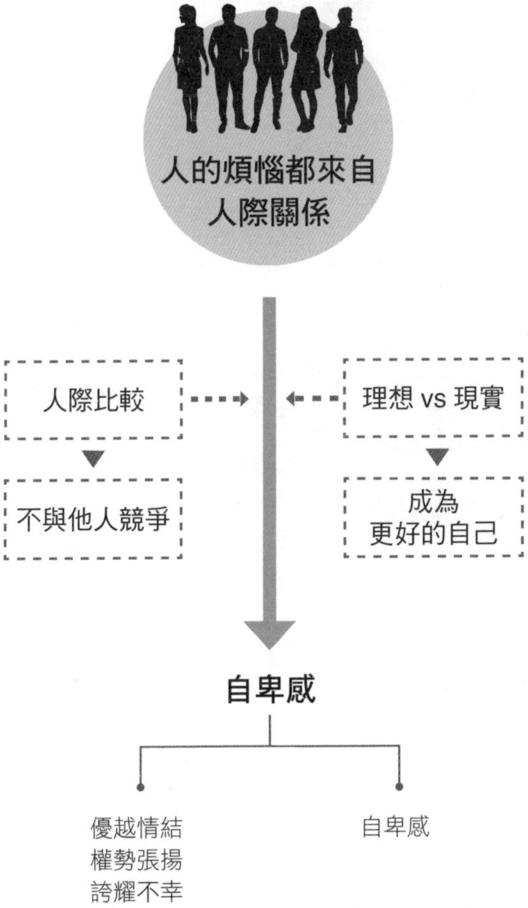

【第三夜】產生的煩惱要怎麼解決？

- 我們要學會不干涉別人，可以提建議，但不能強制要求。
- 我們要學會不接受干涉，可以聽建議，但一定要是自己的選擇。

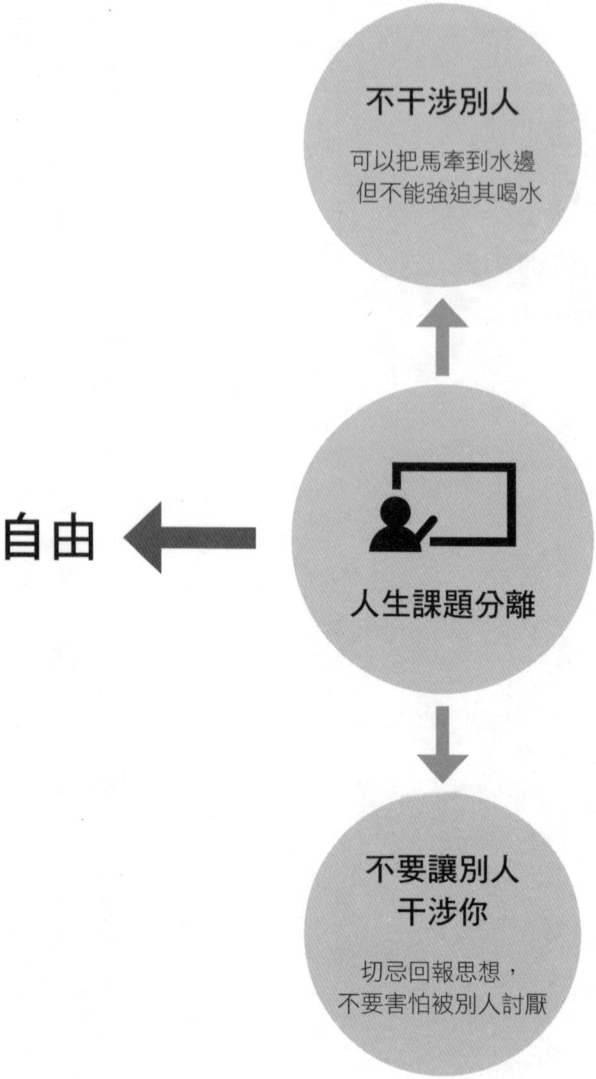
不干涉別人
可以把馬牽到水邊
但不能強迫其喝水
自由
人生課題分離
不要讓別人
干涉你
切忌回報思想，
不要害怕被別人討厭

【第四夜】我們要如何與別人產生聯繫？

- 每個人都是平等的，共同組成一個共同體。
- 感到對共同體產生價值，就是有價值的——存在即有價值。

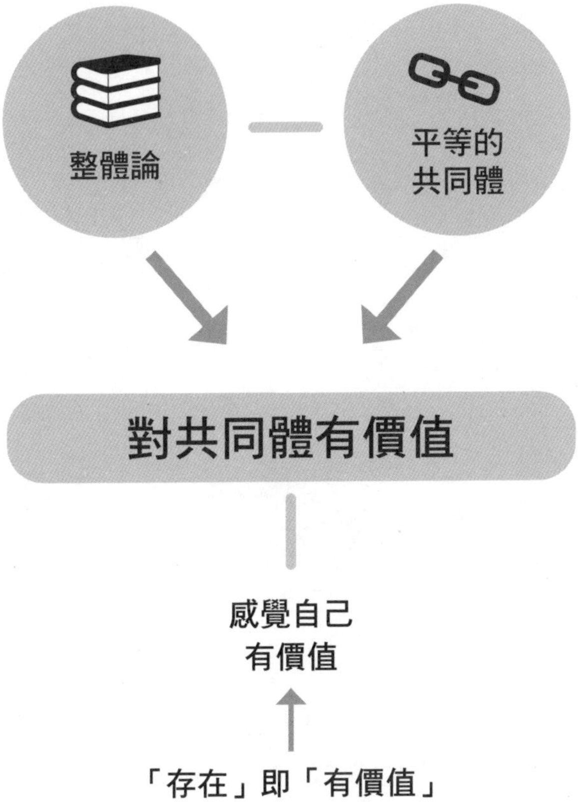

【第五夜】共同體到底是什麼？如何形成？

- 自我接納，改變能改變的，甘於不能改變的。
- 學會無條件信賴他人。
- 學會從對他人的貢獻中尋找幸福感。

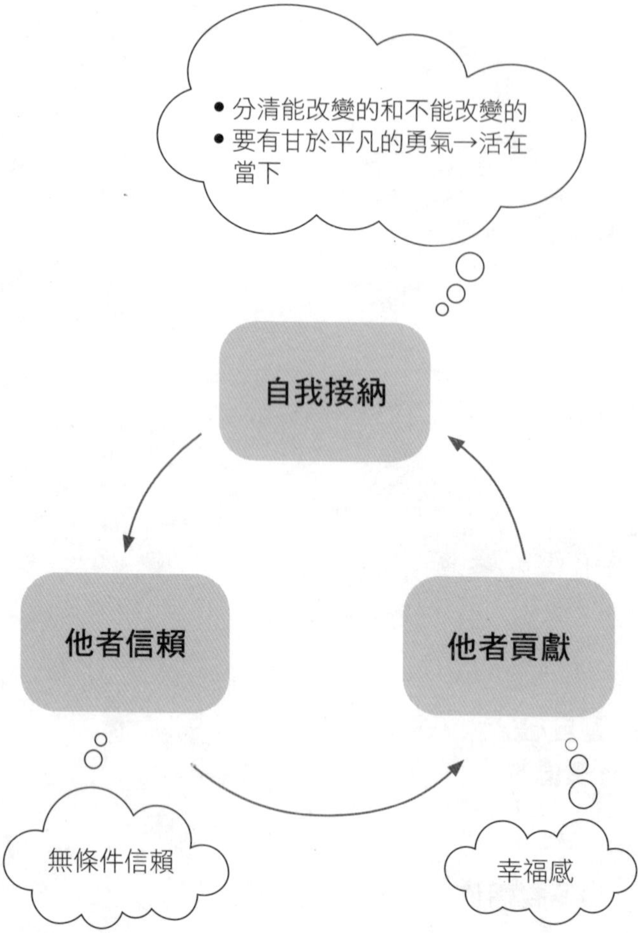

• 分清能改變的和不能改變的
• 要有甘於平凡的勇氣→活在當下
自我接納
他者信賴
他者貢獻
無條件信賴
幸福感

我們能從中獲得什麼？

對很多人來說，生命中最溫暖幸福的感動來自父母，但同時最深刻的煩惱和負擔也來源於父母。講不清的道理、說服不了的執著、放不下的「孝順」，讓我們在親子關係裡充滿糾結和不安。我們可以尋找問題發生的原因，比如代溝、溝通的缺失，而這本書則提供了一個新角度的「人生課題」，學會「課題分離」可能是解決這一矛盾最有效的方法——父母需要的是「把馬帶到河邊，但絕不強迫其喝水」；而為人子女，選擇自己想要的、擺脫尋求父母認可的「傾向性」，才是屬於我們的課題。

影響我們獲得幸福的另一個因素，往往在於自我懷疑和否定。太胖、太醜、太笨，性格內向、閱歷淺薄、家庭背景不好……沉浸在這些情緒之中時，我們失去了生活的快樂，甚至失去了追求幸福的勇氣。哲人則提出：當我們不能更改「我」時，我們需要改變對「我」的看法和利用方式，自我接納，平靜的接受無法改變的，勇敢的改變我能改變的。不對自己撒謊，是我們需要獲得的勇氣。

這本書為什麼這麼成功？

《被討厭的勇氣》可以說是大受歡迎，尤其是在年輕族群中更是廣為流傳。這一本書為什麼這麼受歡迎呢？首先，新穎的對話體寫作方式。「青年」找到「哲人」採訪，從讀者的角度來不停提問，並充分投入感情，使內容更加戲劇化。這使讀者產生代入感，能夠更順暢的感受到作者希望表達的意思。

第二，結合實際，引起共鳴。《被討厭的勇氣》並不是一本心理學理論書，而是一本自我啟發書，它把阿德勒心理學理論和許多實際例子結合起來，尤其又與現代人的生活緊密貼合，使人感到其中所講述的東西就是自己的生活。

總會有點不足吧？

人無完人，書無完書。即使《被討厭的勇氣》獲得了巨大的成功，它也仍然存在一些不足，從內容上主要可以分為以下三點：

首先，觀點過於理想化，難以實際操作。第一，這種理論沒有考慮現實中關於「權力」在行為中的作用，即使想要追尋內心的自由，但很多情況下身不由己，為了生存也只能選擇妥協。第二，書中除了向內的建議——聽從本心之外，還有向外的建議——不評價他人。當眾人都追尋自己的本心時，也就沒有人去評價他人了，但事實上社會存在著法律、道德等約束，這些約束本身就是一種評價，因此，即使跟隨本心行事，也依然需要受到外物的影響。完全的自由是不存在的。

其次，對於不同的人來說，幸福的標準可能不同。書中提出：幸福來源於貢獻。

但事實上，有的人可以從內心獲得歷練，看著自己的進步、實現目標即可以感受到幸福，並不一定非要尋求對外的奉獻感。也許在進步與自我實現的過程中，會伴隨著對外界的貢獻，但幸福的原因並不僅限於此。

另外，書中所提倡的自由，是建立在個體自發的行為能為社會發展帶來活力的基礎上，但事實並非如此。例如：反社會型人格患者，其遵循本心的行為，可能就是危害社會以實現自己的價值，在這種情況下，是否還可以讓其遵循本心去追求自由呢？

除了上面三點關於書籍內容上的不足，這種新穎的形式也會帶來一些不便：書的形式新穎，以對話形式呈現，但這種形式同樣也限制了讀者的思維，當讀者感興趣的問題與書中提出的問題不一致時，讀者會覺得閱讀不順暢，或者自己希望解決的問題沒有得到答案。這種形式可能會影響讀者的閱讀體驗，使讀者需要改變自己習慣的閱讀思路來適應本書。無論行與不行，做為一本心理學的大眾讀物，《被討厭的勇氣》無疑是成功的，這也是它獨樹一幟的寫作方式與內容所導致的。對於那些深陷於人際關係或者他人評價的影響，而無法自己做出決定的人來說，這本書非常值得一看！

CHAPTER 03

愛裡的渣，渣裡的愛
你能看見多少，就能成長多少
從來沒有無瑕的心，只有破碎重合
尖叫、哭泣、歇斯底里之後
至少「我」仍完整
「誰會愛我」的懸念
終會化為「我想愛誰」的強大內在

愛與不幸，都是成長

遇到愛不稀罕，稀罕的是遇到理解

你積極以為的煙火，或許是他避之不及的炸藥

范奕敏

愛情中的積極錯覺

從小我就懂得保護自己，我知道要想不被人拒絕，最好的辦法就是先拒絕別人。

——王家衛《東邪西毒》

不知道有多少對情侶吵架時，一方會先抛出一句：「你以前不是這樣的」，從此打開戰局。緊接著可能就是一連串的吵架金句，有三句可以登上榮譽殿堂，它們是「你以前很遷就我的」、「我怎麼沒發現你是這樣的人」，以及「我沒辦法再跟你繼續下去了」。那麼為什麼會出現這種「我覺得我的男／女朋友『變』得和以前不一樣了」的情況呢？

一切都來自愛初始時，每個人都會產生的心理現象——愛情中的「積極錯覺」，即每個人心目中都有一個理想的戀愛對象，這個「理想對象」是由個體的自我投射作用形成的，然後又把理想對象的特點，投射到現實的戀愛對象中，因此，被投射的現實對象也就是被理想化的對象。這種積極錯覺，有助於增強戀愛雙方對戀愛關係的滿意度。

情人眼裡出西施

一個人自以為刻骨銘心的回憶，別人也許早已經忘記了。

——張小嫻《流波上的舞》

用我們都很熟悉的一句俗語來表達這個意思就是「情人眼裡出西施」，也就是在戀愛初期的時候，我們會傾向於用理想化的方式看待我們的戀人，這個理想化的形象，往往是個體理想自我的一種表現，這個理想對象在我們自己看來，是高於自己的印象，也高於現實對象。現實對象並沒有理想對象的完美性，他或她是存在優點也存在缺點的。

因此，在我們用理想化的方式看待戀人時，我們會傾向於強化他／她的優點，而弱化他／她的缺點，戀人在我們心裡被塑造成了一個積極的形象。我們會認為戀人是最好的，也是對自己最好的人。以我的比喻來說就是：我們看待戀人時，彷彿戴上了「五百層濾鏡」，我看著他／她的時候，感覺他／她身邊都飛著粉紅小愛心。

用善意的方式看待不完美

雨聲潺潺，像住在溪邊。寧願天天下雨，以為你是因為下雨不來。

——張愛玲《小團圓》

不知道你有沒有發現，我上面提到愛情的積極錯覺時加了一個條件——「戀愛初期」。是的，有研究發現：積極錯覺在短期內，對戀愛關係滿意度的確有加強作用，但是隨著戀愛時間的增長，這種作用會逐漸減弱，甚至會產生反效果。這也就解釋了為什麼會有人問出那句：「你以前不是這樣的」（因為他可能原來就不是這樣的）！那麼，當我們發覺戀人和我們以為的他／她不一樣時，這種落差感，就必然會造成一拍兩散嗎？

並不是，實際上我們願意以積極的方式去看待另一半，是我們希望能夠維持這段關係的表現。如果我們的積極錯覺並沒有脫離現實，而是不完美現實在堆積時，我們仍希望用善意的方式去看待不完美，那麼，這樣的積極錯覺就對戀情非常有益。

願你也能成就自己的理想愛情

想人間婆娑，全無著落；看萬般紅紫，過眼成灰。

——慕容雪村《原諒我紅塵顛倒》

有研究者在一年中，測量了三次幾對戀人的理想化與幸福感，研究發現：理想化有自我實現的作用，對戀人「理想化」的情侶，儘管他們之間會爭吵，但戀愛關係也會持續得更久，並且在這一年間，他們的戀愛關係滿意度有所增高，衝突有所減少。研究者總結道：用理想化方式看待自己的戀人的人，實際上造就了他們心目中理想的愛情故事。

十三世紀末的義大利詩人但丁曾經說過：「愛情使人心的憧憬昇華到至善之境。」（Love the people are looking forward to raising it to the Habitat for Excellence.）

當我們對彼此心動的時候，我們帶著對愛情的憧憬和無限美好想像，那一刻我認為你可能會是我的完美一半，我好像是被丘比特的愛情之箭射中了，抑或路過的天使灑下了愛情的魔粉。如果愛情本就是憧憬和憧憬的相撞，那麼我們就讓它更加奇妙吧。

我希望能和你慢慢的走下去，直到這一路都發亮發光。

——劉同《你的孤獨，雖敗猶榮》

MEMO ——

如果愛情本就是
憧憬和憧憬的相撞，
那麼我們就讓它更加奇妙吧。

你是我只敢在夜裡想起的人

每個人之間都有一座橋，但總有人不敢走上去

陳梓欣

我想靠近你，但又怕被拒絕

「我注意他很久了，他籃球打得很好，長得高，也很帥氣。但是我長得不好看，也不健談，我怕他會不願意和我做朋友……」

開始一段新的關係總是充滿風險。當你好不容易鼓起勇氣，上前表達自己的結交意願，卻被對方拒絕，無論他的拒絕是委婉還是直白，這種尷尬誰都不想體驗。我們都害怕在人際關係中被他人拒絕，被拒絕的風險也總是存在。可是似乎有些人總能輕鬆的結交到新朋友，而有些人卻總覺得交朋友是一件很困難的事。

為什麼人與人之間會有這樣的差別？其中很重要的一個因素就是「自尊水準」。自尊研究者發現：低自尊者會認為他們不善於結交新朋友，並且難以開始一段新的人際關係。

為什麼低自尊者很難開始一段新關係

（1）「我是一個內向的人」

「低自尊者」的人格特質傾向於內向，他們害羞而靦腆，並且更可能感到社交焦慮。而「高自尊者」則與那些能使他們的社交生活更加順利的人格特質相關，比如高外傾性。

（2）「我沒有社交上的優勢」

相比於高自尊者，自尊水準較低的人並不認為自己擁有能迅速吸引他人的特質。這些特質包括有魅力的外表、社交技巧和受他人歡迎。正如文章最開始的那一段自述，低自尊者會認為自己長得不夠好看，不善於和人交談，也不是一個受歡迎的人。然而，低自尊者認為自己擁有這些社交上的缺陷，並不意味著他們在貶低全部的自我，在「善良」、「誠實」等公共特質的評價中，他們與高自尊者的評價同樣樂觀。

（3）「我不覺得他會接受我」

當與陌生人相處時，低自尊者會對自己的社交缺陷格外敏感，他們會非常在意自己的外表、社交技巧等這些能迅速吸引他人的特點。但與此同時，他們也清楚意識到，自己並不擁有這些社交優勢。因此，他們會降低自己被對方接受的期待，並且低估對方接受自己的程度。

研究者設計了這樣一個實驗：研究者要求被試者在鏡頭前錄下一段自我介紹，而這段自我介紹將播放給隔壁房間內一名非常有魅力的單身異性，接著他們將看到這名異性的回饋錄影。在高接受度組中，被試者看到回饋錄影中高接受程度的言語和非言語線索，包括微笑、目光的接觸，以及結尾處的一句：「我希望能再次見到你」。研究結果顯示：在相同的接受程度條件下，低自尊者感知到的接受程度，顯著低於高自尊者。

內向、認為自己缺少社交優勢的信念，以及對接受的低期待，這三個因素在一定程度上，阻礙了低自尊者開始一段新的關係。然而，這些因素並不能完全阻止他們認識新朋友，因為人類有很強烈與他人產生聯繫的需要。面對這種衝突，低自尊者明顯具有迴避和自我保護的傾向，他們使用多種策略，來盡可能降低自己在開始新關係時被拒絕的風險。

低自尊者使用策略有哪些

（1）拒絕加入團體或個人

在沒有明確的接受訊息情況下，低自尊者對他人接受自己的期望值很低，使得他們在面對被拒絕的可能時，會設置一個較低的社交風險上限。因此，不願意冒被拒絕風險的低自尊者們，在面臨是否加入一個團體或者與某人相處一段時間，而這個團體或個人對他們的接受程度不明時，會做出自我保護傾向的決定，即他們拒絕加入這個團體或個人的機率會增加。

另外，一項研究表明：當對方回覆訊息為「拒絕」時，九十％以上的低自尊者不會選擇加入拒絕他們的團體，而「明顯的接受訊息」則會讓低自尊者克服進入新關係的猶豫不決。高自尊者則與此相反，即使在面臨明顯的拒絕訊息時，依然有接近一半的高自尊者選擇加入拒絕他們的團體，因為他們相信自己有能力讓這個團體改變看法，並重新接受他們。

（2）收集更多資訊了解對方

想像以下情境：A對B一見鍾情，想邀請B一起外出吃晚餐，但是A不確定B在完全不認識自己的情況下，是否會接受自己的約會邀請。

毫無疑問，這是一個被拒絕風險很高的情境。在這個情境下，不同自尊水準的A會有完全不同的策略。在浪漫關係中，當高自尊者被某人吸引時，他們會採取直接、冒險的策略，比如，高自尊的A會直接對B提出約會的邀請。而低自尊的人則會採取更加保守的策略，比如，低自尊A會間接的從不同管道了解B的喜好，比如B愛吃什麼、喜歡去哪個餐廳等。他們需要這些資訊來了解對方，以在提出邀請時降低自己被拒絕的風險。然而，就算低自尊者們收集了很多資訊去了解對方，他們也很難邁出發展這段浪漫關係的第一步——邀請對方去約會。

（3）表現得冷淡一些

當我們結交新朋友時，我們會通過微笑、時不時的眼神接觸，以及問一些關於對方的問題，來表達我們的熱情和對對方的興趣。然而同時也有另外一種自我保護的方法，以降低如果得不到對方同樣回應的諷刺感——表現得冷淡。

人們想被接受時反應的差別，遠大於人們預期被拒絕時的反應。研究顯示：當人們的預期是被拒絕，不論是低自尊者還是高自尊者，都對拒絕表示接受良好並坦然處之。然而，當人們想被對方接受時，高自尊者會有更多的微笑以及更頻繁的眼神接觸，來表達自己的熱情和結交意願。而低自尊者對接受的低預期，則使他們壓抑自己的熱情，表現得冷淡一些。這樣，如果對方對自己並不感興趣，自己也不會感覺特別丟面子。

（4）探測接受的線索

開始一段關係具有一定的風險性——被接受或被拒絕，這兩種不同的結果，會導致自我價值感的提升或降低，因此，會引發人們自我增強或自我保護的不同動機。通常，高自尊者啟動「自我增強」動機，而低自尊者則啟動「自我保護」動機。在面對較高的被拒絕風險時，高自尊者啟動自我增強的動機，他們會接收到更多被接受的線索，並且正確估計自己被接受的程度。而低自尊者則啟動自我保護動機，他們接收到的接受線索明顯少於高自尊者。

低自尊者不願意尋求新的社會關係，除非他們能保證自己被接受，並且他們也很容易懷疑別人對自己的接受程度。這看起來，低自尊者比高自尊者擁有更少的友誼和浪漫關係。事實上，高自尊者的自我報告中，受歡迎程度和關係品質，確實比低自尊者更高。

但是，鮑梅斯特等人指出：自尊會影響人們報告的關係數量，高自尊者報告的關係數量明顯比低自尊者多。因此，我們應當謹慎的解釋，在尋求新的社會關係時自尊所導致的差異。

從「自我認定」的建立說起

不只女人是水做的，男人也是水做的

劉思佳

什麼是自我認定

青少年時期的我們，逐漸開始思考一些問題，比如：我是誰？我從哪裡來？我的存在對於這個世界有什麼意義？這些思考便是自我認定發展的過程。艾瑞克・艾力克森（Erik H. Erikson）認為：自我認定的形成過程，就是人格形成的過程。我們在成長過程中逐漸形成自己的人格，思考自己將要發展成為一個什麼樣的人。青少年時期，我們往往會發現身邊的同學變得各色各樣，不論是性格還是人格。

自我認定是一種重要的心理社會現象，也是一個與自我、人格發展有密切關係的，多層次、多面向的心理學概念。本質上，它是指人格發展的連續性、成熟性和統合性，它包含三方面的內涵：

自我認定（ego-identity），是指兒童期通過自居作用形成的基本觀念，表現為自我綜合和個體性格的連續性；個體水準定向的同一性，是指個體與環境相互作用過程中，形成的一套目標、價值觀和信念，包括與他人區分的個體獨特性，以及自我的其他方面的事實；集體水準定向的同一性，即社會認同，是指個體與團體理想一致的內在保持感和歸屬感。

心理學家將自我認定的狀態劃分為幾個部分：

- **彌散型**：指沒有形成固定的承諾，也沒有主動探索和形成承諾的一員，處於認定危機之中而不能成功的解決，對未來方向彷徨迷惑，不知所措，沒有確定的目標、價值和打算，是一種最不成熟、最低等級的認定狀態。

- **排他型**：指沒有經歷探索階段就對一定的目標、價值觀和信念形成了承諾，這些承諾反映的是父母或權威人物的希望和要求。
- **延緩型**：指正在經歷認定危機，積極的思考各種可能的選擇和探索自己的價值定向，但還沒有達到最終的承諾。
- **成就型**：指已經經歷了一段探索，解決了認定危機，呈現出相對穩定的承諾，是一種最成熟、最高等級的狀態。

我們周圍存在著很多分別處於這四種狀態的人：

第一種狀態的人，處於迷茫之中，他們沒有找到自我的定義，沒有發現自己在集體和社會中的位置，沒有目標、不自主，總是依賴別人。這種狀態是最糟糕的，如果長期處於這種狀態中，很有可能會迷失自我，對於個人的成長是極其不利的。

第二種狀態在我們的群體中十分常見。相信很多同學都深有感觸，報考大學時，關於大學和科系的選擇，很大程度上不是由我們自己決定，而是家長替我們決定。「我希望你讀經濟」、「我們家都沒有醫生，讀醫科吧」、「這個領域不好念，畢業也不容易找工作」，這些話相信大部分人在做選擇時都聽過。這種情況往往導致了第二種狀態的形成。

第三種我覺得是大部分大學生正處於的狀態。我們之中大部分人都還處於探索的階段，慢慢形成屬於自己的人格，形成自己的圈子。

第四種就是比較成功的狀態。我們之中有少部分人已經處於這種狀態，找到了自我。

對於我自己來說，我認為我目前正處於第三種狀態，對於自我人格已經有了大概的認識，但並沒有十分明確的概念。有時候我覺得我的性格總是在不停變化，對於未來也沒有十分明確的計畫。我不是很喜歡這一點，沒有明確的目標，總覺得很茫然，學習缺乏動力。但我擁有樂觀的態度，並在尋找自我的路上努力奮鬥。

如何建立自我認定

自我認定的建立其實並不用時刻強調。我們沒必要把它當成一個任務，每天都在想「我的自我認定還沒有建立」。其實，自我認定的建立是一個逐漸的、隱藏的過程，在我們不知不覺中，自我認定就慢慢建立起來了。自我認定的建立，首先需要摒棄不適合自己的東西，發現適合自己的生活方式。每個人都是不同的，不論是生理上還是心理上，因此，我們需要找到適合自己的生活方式。大學是一個十分自由的地方，這種自由源自於課不多、沒人管。這時候就是大學生們面臨選擇的時候。是整天蹺課，成績低空飛過？還是按時上課、完成作業，期末時考一個中等成績？

還是在圖書館裡不斷充實自己？我們有很多選擇、很多誘惑，找到自己真正想要的，才能抵制誘惑，擁有充實的生活和無悔的青春。就從最簡單的每天安排開始，有的人習慣早上運動、白天念書，有的人喜歡晚上熬夜。每個人的不同，造成了生活規劃的不同，因此，通過探索，摒棄不適合自己的，找到屬於自己的時間規劃和生活方式，是建立自我認定最首要也是最重要的一步。

其次，要清楚知道自我是一個獨立的整體，獨立的同時，又可以妥善的和其他獨立個體進行良好的合作。每個人都是獨立的，一個人想要立足於世，首先要學會自立。我們小時候可以依靠父母，進入學校和社會有朋友，但他們的存在不是為了支持我們生活，而僅僅是輔助我們體會更多的感情，獲得更好的生活體驗。我們首先要學會獨立行事、獨立解決問題、獨立學習，甚至獨立生活。孤獨成熟，在孤獨中沒有淪落而是涅槃的人，才是真正擁有強大能量的人。在學會獨立後，我們要開始學會合作。很多事情是自己一個人無法完成的，這時候我們要學會和同伴交流、相處、共事。能否學會合作，是檢驗一個人能否成功的標準。生活中我們往往會遇到這種情況，舉辦一場活動，不是一個人就能辦好的，從最開始的創意、策劃、活動場地的申請、活動器材、主持人等，這些需要大量的人力物力，絕不是僅憑一人之力就能辦好的。相信對此我們都深有體會。

自我有一種發展的連續感和相同感，現在的我是由童年的我發展而來的，將來我還會繼續發展，但是我還是我，所以很多都是變化的。我們要學會用發展的眼光看待自身的變化，正確對待自己的變化並學會接納。

記得我原來是一個很好強的人，聽媽媽說，小時候只要小朋友稍稍惹到我，我就會毫不留情的大打出手。每次聽到媽媽跟我講這些，我都會覺得特別有意思，但仔細想想，現在的我和小時候的我，簡直不是同一個人。現在的我不喜歡和別人爭，所以總會默默讓出。我總是反思，在這一點上應該和小時候中和一下，既不能太好勝，也不能太軟弱。

自我認定的建立是一個逐漸的過程，認識到建立自我認定的重要性，是每個人都應該做到的事情。同時，我們也要學會正視自己，認識自己的不足，並努力發現真正的自我。當我們步入最後一個階段，便會覺得不論在生活中的哪個方面，都變得如魚得水，悠然自在。

天空不藍，依然可以微笑
——顫慄於《希望：為愛重生》的慈悲

別人做錯事，我該受罪嗎？

王　梓涵

從《希望：為愛重生》說起

素媛：「我姥姥總在說『哎喲，要死了，哎喲要死了。』」

心理治療師：「那你覺得這是什麼意思呢？」

素媛：「這也許就是人活著的意義。」

這樣的一段對話會有無數種解讀方式。活著的意義，本來就是一個答案因人而異的問題。從自我角度來說，我們可以為了在心裡的每一個自己而活。然而，人活一世，風風雨雨，坎坎坷坷，每個人都曾經歷過不一樣的創傷，當這些創傷在心中留下疤痕，在一個個輾轉反側、無法入眠的深夜裡漸漸變成深淵的時候，或許，就像素媛的話一樣，面對著不夠藍的天空，仍然可以微笑，才是人活著最大的意義。

韓國電影《希望：為愛重生》片長一百二十分鐘，在前三十分鐘就拋出了一個極端殘酷的困境：八歲的小女孩素媛，在上學途中遭遇一個中年男人的暴力性侵，導致大腸與肛門脫落，不得不終生依賴人造器官。如果把故事的編撰權交給我們，那剩下的九十分鐘，你會選擇怎樣的主題？是講述女孩無法治癒的心理創傷為她帶來極端的痛苦，最終無法忍受，只能在心魔的驅使下走上復仇的道路，還是講述陽光慢慢照亮素媛心靈的過程？

如果選擇第一種，那就是另一部韓國電影《天倫制裁》的簡述；如果選擇第二種，那就是《希望：為愛重生》。兩部電影故事背景相同、風格相似，但結局、觀影者的感受卻截然不同。在一個暖冬的下午，我接連看了這兩部電影，《天倫制裁》讓我感到戳心的痛苦，罪犯全部都死去，留下了一種肅穆的悲愴感，似乎苦難是無法逾越的心靈深淵；而《希望：為愛重生》卻讓我在揪心之外，感受到了不一樣的溫暖，素媛和她的家庭最終迎來了新的希望，也正因為這一點，讓這部電影與我們一般情況下的思維產生了差異。當我們在日常生活中聽到類似的新聞時，比起關注受害者之後的生活，我們往往更關注對罪犯的憤怒和懲罰。或許是出於佛洛伊德心理學中的逃避自我防禦機制，我們的潛意識並不願意思考這樣沉重的問題。而這部電影對人性的剖析，及對這個問題的詮釋，卻能給我們一種撫慰心靈的力量。

我做錯了什麼

其實生活不易的原因，只有少部分是因為苦難本身，更大部分則是因為苦難有「馬太效應」。受過苦的人會漸漸開始懷疑自己，漸漸讓自己陷入卑微的泥沼裡。

馬太效應（Matthew Effect）是指「好的愈好，壞的愈壞；多的愈多，少的愈少」的一種正回饋現象。最早由美國學者羅伯特．莫頓（Robert Merton）於一九六八年提出，其名稱來自《新約．馬太福音》中的一則寓言。

素媛「出事」後不久，就開始躲避熟人，躲避記者。家人害怕輿論對孩子的又一次吞噬。

素媛不解：「我做錯什麼了？我只是想給他撐傘。」

世界的規律就是這麼殘酷，那些被父母拋棄過、虐待過的、被他人欺負和羞辱過的……他們的內心都有一個頑固的聲音：「都是我的錯，是我不夠好。」無論他們外表看起來多麼桀驁不馴。證據就是：他們會一再避開生命中真正的幸福和真正愛的人，他們在潛意識裡似乎習慣了自我矮化，習慣了殘缺，習慣了自己不值得擁有愛和幸福。

素媛也正因如此，在災難之上雪上加霜。

為什麼要出生在這世界上

電影裡，素媛的這句話戳中了很多人的淚點。

與肉體的創傷不同，精神上的創傷常常是隨著時間愈演愈烈的。

素媛剛開始還能夠安慰爸爸媽媽，能夠指認兇手，但漸漸的就開始哭泣、尖叫。終於有一天她輕輕的說：「為什麼要出生在這個世界上？」這就是PTSD的一種典型症狀。

「創傷後壓力症候群」（Post-Traumatic Stress Disorder，簡稱PTSD）指人在遭遇或對抗重大壓力後，其心理狀態產生失調的後遺症。這些經驗包括生命遭到威脅、嚴重的物理性傷害、身體或心靈上的脅迫。有時候被稱之為創傷後壓力反應，以強調這個現象乃創傷經驗後所產生之合理結果，而非病患心理狀態原本就有問題。所以，PTSD又譯為「創傷後精神緊張性障礙」、「重大打擊後遺症」。

雖然PTSD一般發生在有極端創傷經歷的人群中，但就目前的研究來看，除此之外，當我們面對社會壓力、緊張事件、社交問題時，大部分人都會有類似PTSD的症狀出現。

那是不是說，如果我們無法迴避傷害和壓力，就無法免受心靈上的創傷呢？

當然不是。

下面就讓我們一起來看看，應該怎麼從自我的角度出發，去減少生活中的種種困境對我們自己的傷害：

（1）阻斷焦慮

這一步幫你學會處理自己的負面情緒。我們的焦慮來自生活中的各個層面，當我們面對這樣或那樣的不如意時，內心深處一定會湧現出各種各樣的情緒，你也一定曾問過自己：「為什麼我什麼都做不好？」甚至於，這些心理現象也成了焦慮的來源。

其實，不妨試著去接受。接受不完美的自己，接受因為機緣巧合而發生在自己生命中的事。

接受自己，接受真相，這將是你另一種人生的開始：不再糾結，不再焦慮。

（2）旁觀認知過程

看到這個標題，你應該會感到疑惑吧？我就是我，怎麼能旁觀自己的認知過程呢？但其實，這是完全可能的，也是能夠更加了解自己的一種很好的方法。

在你被負面情緒掩埋的時候，是否曾在心中突然出現一種聲音：「我到底在糾結些什麼？」這其實就是一種無意識的「自我旁觀」。

當你遇到讓自己心生焦慮的事物時，首先通過放鬆和接受阻斷焦慮的蔓延，然後再有意的試著跳出自己，以一個旁觀者的視角去分析自己對事件的認知，以及焦慮等負面情緒產生的原因。這樣練習幾次之後，你就會發現：在對自己的了解明顯加深的同時，也找到了自己情緒的來源。

（備註：很多時候你會發現，往往是由於自己對事件的認知才導致了自己的負面情緒，而不是事件本身的問題。也就是說，一切都取決於自己的認知過程。）

舉個例子，當你了解苦難的馬太效應之後，你會在自己陷入符合馬太效應的心理狀態時，通過分析自己的心理狀態，馬上意識到自己的這種認知過程，就能夠在很大程度上避免自己陷入這樣的旋渦之中。

（3）重建信念系統

經過第二步對自我的觀察之後，我們就應該試著去對自我進行改變了。

如何改變呢？

當你發現自己的認知過程和信念系統，是負面情緒的來源之後，試著去與自己進行反覆辯論。試著去告訴自己，自己的信念系統應該做怎樣的調整，然後慢慢試著去實踐這樣的改變——當再出現負面情緒的時候，試著按照改變後的信念系統，對引起情緒的事件重新進行積極的認知。堅持一段時間之後，你一定會發現自己的進步。

天空不藍，依然可以微笑。

素媛就像一個天使，能在不那麼藍的天空下，笑得很燦爛。

素媛——希望。

願我們都能像素媛一樣，在不完美的現實世界裡，自有一個完美而柔軟的心靈世界。

MEMO ——

當再出現負面情緒的時候，
試著按照改變後的信念系統，
對引起情緒的事件
重新進行積極的認知，
你一定會發現自己的進步。

尋找因愛重生的力量：從素媛到林奕含

一個小孔隙，足以流掉一整條絕望的巨河

歐陽子琦

《希望：為愛重生》是韓國一部根據真實案件改編而成的劇情片，主要講述了一個未成年少女在遭遇性侵後如何走出心靈陰影，和家人如何面對生活的故事。

女主角素媛是個八歲的小女孩，長得清秀又機靈。有些數學題讓她很棘手。家裡不怎麼有錢，媽媽開了一個小店，爸爸是工廠的工人。在一個雨天，女孩一個人撐著傘走過大街小巷，被一個醉酒的男人盯上，這個女孩在這個年紀裡遭遇的最大苦難就這樣悄悄的展開。女孩被性侵、被狠狠的毆打，遍體鱗傷，男人逃走了，女孩用最後的力氣呼叫了救護車。

不幸發生得如此突然，素媛的父母自然萬分自責：為什麼在孩子出事的時候我們不在，又為什麼沒有親自送她到學校門口？雖然是那麼近的路，只要兩百秒就能跑到的路。

災難發生後，媒體的不斷騷擾、圍堵和追問，讓全家人疲憊不堪，也給幼小的孩子造成了更多的傷害。面對瘋狂而冷漠的媒體，小素媛一句：「爸爸，我做錯什麼了嗎？」讓人在一瞬間落淚。在躲避媒體的過程中，素媛的手術傷口破了，爸爸想給孩子脫了衣服擦一擦身體，卻看到了孩子絕望而無助的目光……在之後的心理康復中，明明沒有做錯什麼，卻被社會逼迫著回憶那場噩夢的孩子，委屈而無助的訴說：「那個大叔讓我給他撐傘，我本來也想直接走掉。但我覺得應該給大叔撐傘，不讓他淋雨，所以就給他撐了。但是人們都說是我的錯，誰也不誇我……」

堅強的素媛在一開始還能安慰父親和指認兇手，但漸漸的，她開始失語、哭泣、尖叫，終於有一天，她輕輕的問：「為什麼要出生在這個世上？」

很幸運的是，素媛的身邊還有著許多許多支持她、深愛著她、願意和她一起面對一切的人。他們陪著素媛，一點一點學著從痛苦裡走出來。在電影的最後，素媛向著陽光的方向，小手輕輕捧起了一架小飛機。

電影的結局是溫馨的，素媛雖然經歷了巨大的苦難，但她還是走了出來，彩色的蝴蝶最終還是照亮了漆黑的夜。

素媛獲得了新生，可是其他人呢？那些同樣在小小年紀便遭遇了同樣痛苦的其他孩子呢？並不是每個孩子都像素媛一樣幸運。前不久，林奕含自傳《房思琪的初戀樂園》迅速走紅，小說自二〇一七年二月出版以來五次再版，而本是才貌雙全、前途無量的作者林奕含，卻在四月二十七日傍晚，用自殺結束了短暫的一生。

蔣方舟這樣評價道：「讀了因少女時期被誘姦的經歷，而抑鬱症自殺的二十六歲臺灣女作家的自傳式小說，寫得真好啊——我認真閱讀時像被冰錐捅了一下，或是如溺水般喘不上氣就是『好』的體驗。早熟而美麗的作者身上發生了恥辱的厄運，而她寫下這厄運時略帶戲謔的筆法，有張愛玲的影子，可我們卻無法像讀《洛麗塔》一樣，帶著慶幸放下書，鬆一口氣說：『幸好是假的。』」

我們總說時間會沖淡一切，可是在林奕含這裡，時間並沒有沖淡苦難，只是讓苦難更深入的融進了她的血肉，摧殘著她本就飽受折磨的心。沒有人來拯救她，父母、性教育、家教制的漏洞……

在書中，房思琪曾經用麵包塗奶油的口氣對媽媽說：「我們的家教好像什麼都有，就是沒有性教育。」而媽媽則詫異的看著她，回答：「什麼性教育？性教育是給那些需要性的人。所有教育不就是這樣嗎？」

——父母們明明錯過了性教育的課程，卻總覺得這課程從未開啟過。

直到林奕含去世後，她的父母發出這樣的聲音：「她寫書是為了不再有第二個房思琪。」

——可是從沒有人告訴房思琪們，或者那些即將成為房思琪的孩子們，他們到底該怎麼保護自己，一步一步的走下去。

她的遺願是預防，而不是追究任何個人。

——可是如果不追究任何一個個人，這個世界上又怎麼會少一個「房思琪」？

願這個世界上的房思琪們都能夠被溫柔以待，願這個世界上，再不會有新的房思琪。

你的另一半可能沒你想的那麼聰明：心理學家帶你看清智商真相

我們極有可能每年以1%的速度變笨

鄧瑋瑋
侯穎嘉
陳羽鑫
李佩玲

競爭使我們妨礙他人，鬆懈自己

我們常說分享自己的方向、傾聽別人的目標是很有好處的，因為大家會互相鼓勵，讓彼此在實現願望的路上更有動力。

但是，有研究證明：當遇到目標相似、能力相近的人時，我們不可抑制的會將他們當成競爭對手，將焦點從「提升自己」轉為「對抗敵人」。無論自身比對手優秀還是略遜一籌，我們都會不由自主的想去妨礙他；當認為自己的妨礙奏效時，便會鬆懈下來，最終也影響了自己的進步。

知曉此事有何用處呢？反映人性嗎？並不是。只是希望大家懂得何時該收回探向他人的眼光，埋頭將視線放在自己的道路上。

非親歷者同樣悲痛

當聽到嚴重車禍導致死傷慘重時，你會感歎世事無常；當聽說飛機失事時，你會沉默而痛心。縱使這些事與我們並沒有非常直接的關聯，我們仍能從中感受到萬千情緒。

災難會給當事者帶來無盡的打擊與痛苦，而非親歷者——通過媒體或其他方式知曉此事的人——也能夠有相同感受。

一個實驗非常巧合的證明了這一說法。二〇一四年五月，研究者開始一項關於荷蘭人心理健康的調查，參與人員在一個月中，每天填寫三次自己的心情狀態。六月，馬航失事，震驚全球。悲痛之餘，研究者利用這一巧合，將失事後三天與事前、事後（大於三天）的心情狀態進行比較分析，發現事後三天，參與人員消極情緒水準增高，積極情緒降低，身體不適感增強。

也許完全能夠感同身受並不實際，但是，當事者的悲傷，非親歷者也能在一定程度上有同樣的感受。所以請相信，世界是一個整體，我們的心連在一起。

你的另一半可能沒你想像得那麼聰明

我們很多人都高估了自己的智力。我們的自我蒙蔽了自己的缺點。其實，我們對我們喜歡的人也有相同的想法。

我們似乎確實如此——這是發表在《智力雜誌》上的一篇新論文的結論，該論文表示：我們一直認為我們的戀人比他們實際聰明得多。

曾有一些跡象顯示：我們對我們所愛的人尤其樂觀。例如：當涉及身體吸引力時，我們傾向於想像我們已經成功的吸引了一個比自己更性感的人，這有時被稱為「愛情是盲目的偏見」。總的來說，人們似乎認為伴侶的智力與自己相等，而不是認為他們特別聰明。

研究感興趣的是，人們是否傾向於與「具有相似認知能力」的人交往，以及這種「智力上的相容性」對他們在一起的幸福是否重要。正如之前的研究發現的那樣：伴侶的實際智商得分與我們自己的水平有一定的相關性，所以一般來說，人們似乎會選擇與自己智商大致相當的伴侶。也許我們對和自己有相似智慧的人有輕微偏好，或者是因為我們有更多機會和智力相似的人談戀愛。

但總的來說，這些發現有助於擴展我們對自私偏見的理解，顯示出我們的利己主義和自信，有時會蔓延到我們所愛的人身上。也許我們認同我們的伴侶，同時也是反映出我們對自己的認同。

贏得勝利——高手從來不說的獲勝祕密

保持神經的興奮性，可以幫助我們在比賽中獲得更好的成績嗎？科學家告訴你：不一定！

近年來有研究，通過比較一些德國桌球運動員某賽季賽前的情緒管理、近年來的比賽成績，和該賽季結束後的成績，發現賽前能夠「控制好自己情緒」的運動員，發揮得更好、更有進步空間。研究者認為：神經興奮也許會對一些接觸類的運動（如拳擊、橄欖球等）產生作用，點燃鬥志、提升速度、增強攻擊性，但對於一些精細運動（如桌球）則適得其反，會使人變得笨拙而僵硬。

大腦中的神經元會隨年齡增長而顯著減少嗎？

隨著年齡增加，大腦體積會減小，人的智力相關能力降低，二十世紀七〇年代，詹森（Johnson）和埃爾內爾（Erner）通過研究動物大腦，提出成年後人類大腦中的細胞數量每年減少一%。

而如今的科學家們借助現代科技，發現人的一生中，腦細胞損失在二%到四%之間。老年人大腦體積變小，但只是相對壓縮而未縮減，而老年人智力下降，也許僅與大腦神經細胞中的化學和形態變化有關。

語言影響記憶能力

之前已經有研究表示：我們使用的語言，對我們某些認知世界的方式造成了影響。現在，先了解兩個概念：在人類的語言中，有「左分支語言」（重點在右，延伸在左。比如：the tiger who came to tea）和「右分支語言」（重點在左，延伸在右。比如：who came to tea，the tiger）。最近的一項研究指出：相較於右分支語言的使用者，左分支語言的使用者更易記住一個序列的前半部分資訊，而不易記住序列的後半部分資訊。

MEMO——做好情緒管理，

有助於點燃鬥志、提升速度、

增強你的戰鬥力！

人人渴望被理解、被關注、被愛
——與《心靈捕手》七次談話的救贖

請點燃一盞燭光，再開啟心靈的「黑盒子」

莫蕙萃

從《心靈捕手》談起

美國電影《心靈捕手》（Good Will Hunting）是一部將電影藝術和心理諮詢理論研究完美融合的經典影片，所以它獲得了第七十屆奧斯卡金像獎最佳影片、最佳原創劇本、最佳導演、最佳男主角等多項提名，是一部口碑與票房雙贏的優秀電影。

影片講述了一位麻省理工學院的數學教授藍伯，在系裡布告欄寫下了一道只有兩位數學大師解出來的難題，希望他那些傑出的學生可以解答出來，事實上無人能解。令人大跌眼鏡的是，一個年輕的清潔工威爾，在打掃時輕易解開了這道難題。藍伯為了找到這位神祕的數學天才，又出了一道更難的題目。第二次，在威爾解開題目後，藍伯依然沒找到他。藍伯想盡辦法尋找威爾，終於見到威爾是在法庭上，這個憤世嫉俗、桀驁不馴的天才，因為打架滋事甚至毆打員警被拘捕，而在法庭上自我辯護。而讓藍伯更詫異的是，威爾先後已經多次被控告襲擊、偷車、假扮員警等等罪名。

藍伯意識到威爾是個有心理問題的天才少年，所以他向威爾提出可以保釋他，但前提是他必須答應自己兩個條件：加入他的數學團隊研討會，並配合心理醫生進行診治。威爾為了可以從少年監護所出來，答應了藍伯教授的條件。但是一般的心理諮詢師，在這個高智商的年輕人面前根本無計可施，談話行不通，催眠也失敗，這些專家還反被威爾洞悉心理，甚至遭到羞辱，所以威爾前前後後換了好幾個諮詢師，直到他遇到了藍伯的好朋友——西恩，一位資深的心理諮詢師。不同於威爾之前的諮詢師，西恩更平等、尊重人性，更坦誠、接受和包容他的一切，以導師的姿態，引導威爾卸下心防，走出童年夢魘，最終尋得了真愛。

本片以新穎的手法，展現了心理諮詢以及癒療的過程，男主角威爾病態人格的呈現、心理過程的變化，以及在諮詢中移情—反移情的對峙，都表現得很細膩。

從精神分析看《心靈捕手》

本輪分析主要以西恩對威爾進行心理治療的七次談話做為時間線索，分析討論其前後以及訪談中的情境，這七次談話看似只是兩人語言上的交流，實則卻是一場心與心的碰撞和角力。影片的前段，我們很容易就可以看出來，威爾是一個擁有強大自我，但超我很弱的人，所以他做事喜歡遵循「快樂原則」，看誰不順眼就喜歡用拳頭直接解決。威爾對要接受心理諮詢存在極其強烈的抗拒，也因他的高智商，使得很多諮詢師憤然而去，但是西恩最終還是獲得了較量的勝利，使得威爾擺脫童年陰影，勇敢邁向新生活。

（1）第一次談話

這也是兩人的第一次會面，地點是西恩的辦公室。威爾一開口便是嘲諷西恩的書是垃圾，讀這些書就是浪費時光，他不停巡視房間裡各種擺設，最終目光停留在牆上的小油畫上——一個人在海浪中奮力划著他的小船。威爾肆無忌憚的開始剖析起諮詢師的心理，他對西恩說：「從線條和顏色可以看出划船者的恐懼和無助，他在努力尋求可以停靠的港灣。你娶錯了女人！她拋棄了你，跟別的男人跑了！她……」還沒等他說完，西恩已經勃然大怒的掐著威爾的脖子。

第一次談話，看似是威爾占據了上風，因為他把西恩惹怒了。但其實在後面西恩的剖白中我們可以知道，他之所以這麼生氣，並不是因為威爾揭穿並擊中了他恥辱的事實，而是因為威爾侮辱了與他伉儷情深最後卻因疾病離開人世的妻子。但其實，在威爾自以為剖析了西恩的這段話中，我們不難發現，他對西恩描述的這種被拋棄的無助、恐懼的狀態，其實是對自己真實內心的一種投射，我們可以大膽推測：威爾的童年應該是極度沒有安全感，在不斷被拋棄中跌跌撞撞長大，他也一直找不到可以停靠的港灣。這個推測，在影片的最後也得到了證實。

（2）第二次談話

在第一次訪談後和第二次訪談之前，威爾在一家酒吧遇上了他心儀的哈佛女孩，他鼓足勇氣撥了電話，但是響了之後又立刻掛斷，他喜歡這個女孩，卻不敢靠近。這種以情感接近做為危險信號的舉動，想靠近卻又不敢靠近的矛盾，以及之前他不斷否認自己需要撫慰養育，卻又在那之後，和心儀的女孩謊稱自己擁有眾多兄弟和一個溫馨幸福的和諧家庭，威爾這種前後自相矛盾，不斷壓抑自己欲望的行為，讓我們直視了威爾空虛又寂寞的內心，以及他渴望與他人建立親密關係，但是卻又害怕這些親密愛人會再度拋棄自己。

第二次訪談是在小河邊的長椅上進行的，西恩的一段話是影片中最經典、最震撼的，也是首次讓威爾陷入深思的話。西恩對威爾說：「你從未離開過波士頓吧？我若跟你談美術，你只能引用美術專著空談理論，例如米開朗基羅，你對他知之甚詳吧？但你連西斯汀禮拜堂的氣味也不知道吧？你從未試過站在那兒，昂首眺望天花板上的名畫吧？如果我想跟你談女人，你大可向我如數家珍，但你沒法說出在女人身邊醒來時那份內心真正的喜悅。如果我想跟你談戰爭，你會向我大拋莎士比亞，朗誦他詩中描述戰爭的對白名句，可是你從未親臨戰場，未試過把摯友的頭擁入懷裡，看著他吸最後一口氣，凝望著你，向你求助。如果我問你何為愛情，你可能會吟風弄月，但你從未試過全情投入、真心傾倒、四目凝視時彼此了解對方的心，好比上帝安排天使下凡只獻給你，把你從地獄深淵中拯救出來。對她百般關懷的感受你也從未試過，你未試過對她深情款款矢志廝守，明知她患了絕症也在所不辭。你未試過住在醫院幾個月，緊握著她的手時那份感受，醫生都感動得破例允許全日探望。你也未嘗過痛失摯愛的感受，因為要愛對方勝過愛自己才可感同身受。」

這些都是西恩自己的親身經歷，這一段的自我揭示，是西恩向威爾打開自己心門的表示，這種朋友式的交談開始奏效，威爾雖然沒有說什麼，但是也不再是之前的狂傲抗拒，直至談話結束之後，他都在長椅上保持沉思的狀態。

（3）第三次談話

這次談話，很特殊，來訪者和諮詢師誰都沒有說一個字，諮詢時間一到，威爾轉身就走，這是一場兩人耐性的較量。

（4）第四次談話

這次談話依然以沉默開始，直到西恩打起瞌睡來，威爾忍不住以一個黃色笑話開口說話，兩人都因這個笑話笑了起來，但西恩立刻不失時機的輕點了一句：「如果這能是你自己的親身經歷，會更好笑。」西恩一直在似有似無的指出：威爾不應只滿足於在書籍中獲取知識甚至是情感連接，而是應該走入現實，自己去親自體會這一切，與人建立親密關係。

這次親密對話中，威爾提到了自己的女朋友，也不加掩飾自己對她的欣賞，但在他表示自己不再約會，是因為不想破壞她的完美形象時，西恩一針見血的指出這是他的自我投射，與喬裝的威爾展開了對質，指出他不想破壞的是自己的完美，因為極力想維護自己的完美，所以拒絕別人的接近。

（5）第五次談話

這次談話更像朋友之間的聊天，話題從棒球到婚姻和愛情，西恩告訴威爾，當年他為了追求妻子，放棄了一場最精彩的棒球比賽。這場談話對威爾的影響之大，在影片的最後，威爾放棄了藍伯教授幫他找的工作，留下了一張紙條給西恩：「我要去找一個女孩」，然後獨自一人上路去加州追求他的女孩。

（6）第六次談話

這次談話，西恩擔起了導師的角色，使用了激將法，目的在於讓威爾正確對待自己的天賦才能，並盡力在相應的工作中發揮出來，創造自身的價值。

（7）第七次談話

這次談話是診治的最後一次，也是最具歷史性意義的一次談話。西恩整理了威爾身上不自覺的、無意識的東西，並在適當的機會告訴他。

西恩打開了威爾的檔案，我們看到了幼年的威爾被養父毒打、虐待至傷痕累累的照片。通過這些陳年的檔案和前面六次的訪談，西恩得以察覺威爾的潛意識世界，找到了他心理問題的癥結。原來威爾嬰兒時期就被拋棄，多次被領養和再拋棄，飽嘗被拋棄和傷害，最後還遇上了一位酗酒和虐待兒童的養父。在缺乏親人和極度恐懼中成長的威爾，極度不信任別人，害怕與別人建立了親密關係又遭到拋棄，形成了極強的自我防禦機制。根據力比多黏滯性分析，孩子在經歷痛苦後，會製造重複，「力比多」（Libido）會固著在得不到的舊客體或滿足不了的欲望上。兒童會借助與父母或其他重要他人所提供的任何接觸形式，與父母建立連接，而這些形式成為他們與他人依戀和聯繫的模式。威爾極強的攻擊性，就是從「施虐－被虐」中習得；恐懼與他人建立親密關係，則是從「拋棄－被拋棄」關係中習得。

而被拋棄或被虐待的孩子，潛意識裡還是會將錯誤自我歸因，認為是自己的錯。所以，在第七次談話中，在西恩一連對他說了七次：「這不是你的錯」之後，威爾抱頭痛哭。

童年的陰影造成了威爾成長後人格的缺陷，但是他很幸運的是遇上了西恩這位「心靈捕手」，在他嫻熟的諮詢技巧引導下，面對了自己潛意識最恐懼的事實，修正了自我認知，邁出了嶄新的步伐，踏上了勇於追尋自己親密愛人的道路。

地獄與天堂之間的交易
——《女心理師》賀頓的精神成長之路

下注慎思：用錯籌碼求生，就無異是在求死

周璿

賀頓，一位心理諮詢師，相貌平凡，聲音出色，膽大心細，精練老到，工作成癮，閱人無數。

柴絳香，是個山村裡的小姑娘，貧窮內向，成績優異，後來成了某養老院的看護工，不怕髒，肯吃苦。

因為滿嘴方言和中學都沒唸完，絳香始終自卑。她在養老院一手攬下了最髒最累的活，寧願一點一點把床單上的排泄物用手搓乾淨，也不用洗衣機。這是一種對自卑的替代型心理補償——她不善交際，沒有文憑，所以要求自己在體力勞動上做到極致。而正因如此，她得到了博學多才又家纏萬貫的賀奶奶的賞識。賀奶奶教她讀書、說話、做人，還應邀給她起了新名字——賀頓。這是她追求卓越的第一個階段性成果——在城市立足的基礎。

改名，意味著絳香的自我意識終於覺醒了，她開始思考之前疲於奔命時從來沒有仔細思考過的問題——她和常人不同，始終下半身冰冷。這成了她新的自卑來源，也是發展動力。覺醒後的賀頓已不甘心在養老院工作，又想了解清楚自己的身體，於是決定自救，要成為心理諮詢師。這是對自卑的彌補型補償——集中力量發展弱勢。但是她缺錢，培訓要錢、考試要錢、租房要錢，開店也要錢。為了錢，她批發化妝品大街小巷的推銷，卻差點被侵犯……千辛萬苦後她終於存夠了第一桶金，幸運的因為出色的聲音和諮詢的課程經歷，被某男主播發掘，成了電臺的客座主持人。

這是她的第二個階段性成果——一技之長。

之後的事情非常順利。房東家的兒子愛上了她，發掘她的男主播願意資助她，她開起了心理診所，並由於扎實的專業知識一舉成名。這是她的第三個階段性成果——安身立命的事業。

之後，她找到了本市權威，權威為她進行了違反倫理的治療——最後，她找到了冰冷的根源，也開始對抗權威——「正是因為有你這樣不遵守規則的人，我才要在這條路上堅持下去」。故事到此結束。這是她最終的成果——事業上堅定的自我認同。

阿德勒說：「不要讓眼前的困境束縛住自己，不能相信當下的困境就是人的一生。」從絳香到賀頓，這可謂是從地獄到天堂的求生之路。但我們要說的，不是一碗關於成長的雞湯。

賀頓能得到第一桶金，是因為她自願和之前想侵犯她的顧客進行了性交易；賀頓能有開店的房子，是因為曲意逢迎嫁給了患有小兒痲痺症的房東家兒子；賀頓能有開店的資金，是因為她假裝處女和男主播上了床；她能一直得到指點，並找到本市權威，是因為她即使在婚後，也與男主播保持著長期的性關係……光環背後是血淋淋的歷史。賀頓對性，隨意又無感。她和所有對她想做的事有幫助的人做愛，卻永遠下半身冰冷，體驗不到性的快感。

賀頓自己都不懂這是為什麼，因為她已經忘了絳香。絳香有一個拋妻棄女的生父，一個靠賣淫養家的母親和一個粗野的繼父。絳香受夠了全村人的白眼，六歲的她已經隱約懂得這意味著什麼。她問母親這是為什麼，母親說，孩子，因為我們得吃飯。

在這個尷尬的性器期晚期過後，絳香再也沒問過母親這個問題。她默默的接受了「為了吃飯，有時候別人說什麼也沒那麼重要」的邏輯。這看上去似乎很灑脫，然而其實並不——在做愛時，「她的身體在床上，靈魂卻在半空中」——雖然做了，但她內心是拒絕的。她在自己與母親間糾結，但終究沒能逃出母親的禁錮——這甚至成了她的事業騰飛的起點。絳香十二歲時被繼父強暴，繼父將自己的下體塗滿了清涼油塞進了絳香幼小的身體。彼時，母親去了一位很久不聯繫的所謂姑媽家探親。

這是她下半身冰冷的根源所在，但賀頓完全不記得這件事——就像所有類似經歷過童年性侵的女性一樣，她選擇了壓抑與遺忘。冰涼的清涼油和鋪天蓋地的疼痛與難以置信，不僅讓她從此變得性冷淡，也讓她對類似的男性縱欲事件，有了做為一個諮詢師不應該有的深惡痛絕——這是投射，然而面對來訪者，她完全意識不到。因為沒有快感，所以可以更隨意；因為隨意，所以更加沒有快感。

賀頓對母親的情感，是極其複雜的。一方面，她接受了母親為人處世的方式，甚至將它複製到自己的生活中，但對此仍有不屑。由於賀頓的特殊經歷，她的本我是排斥「性」的，但出於「過好生活」的社會目的，她的超我是接受「性」的。因此，自我強迫她去接受「性」。此時，母親的觀念，就變成了賀頓用來將自己行為合理化的工具。另一方面，潛意識裡，賀頓是恨母親的——她一直將自己受到繼父性侵害一事歸罪於母親。因此，她對所有類似年紀的老太太都提不起喜歡，在可能的情況下還有一種莫名的敵意。這包括她的房東婆婆，甚至她的某些來訪者。所以，我們會發現賀頓以自救為目的，成為一名心理諮詢師最大的問題——由於特殊的個人經歷，她無法做到對所有來訪者一視同仁，甚至對其中一些，在一開始就存在強烈的反移情。

第一類是性生活豐富的男性。面對一個精神顯然有問題的女性諮詢者，控訴自己老公淫亂無度的諮詢，賀頓大失常態，以致不能做到理智冷靜，沒有發現諮詢者言語中的不合理之處，在沒有進行深入了解的情況下就勸解對方離婚——這反而導致了諮詢者的自殺。在對方的丈夫來拜訪賀頓時，賀頓一開始也表現出了強烈的不適反應，之後發現夫妻兩人敘述不一時，才逐漸進入工作狀態，並借此打開了自己塵封已久的記憶。顯然，她對女諮詢者丈夫的反移情，極大的干擾了她做為一個諮詢師的專業判斷，而最可怕的是，這種干擾她並不自知，還以為自己做出了正確的決定。

第二類是缺乏父母關愛的小孩子。作者並沒有刻意渲染賀頓在面對這兩類諮詢者時，有什麼過激反應，但卻以另一種方式描繪了她的不適。諮詢者周團團是一位父母離異後各自再婚的富二代，這個五歲的小孩子試圖下毒阻止父親再婚。聽到這個聳人聽聞的消息，賀頓在驚愕之後，思緒馬上飄回了爹不疼娘不愛，甚至有點屈辱的絳香時代，以至於諮詢中都未能很好的集中精神。這種對諮詢者父母的反移情，影響了她做為一個諮詢師的工作狀態。

精神分析流派一直強調：諮詢師要善於利用移情。但在諮詢者移情之前，諮詢師先產生移情，顯然是對諮詢過程極為不利的。諮詢師的特殊經歷有助於對諮詢者共情，但太過隱祕或甚至自己都還無法面對的經歷，反而是對某些諮詢過程的阻礙，甚至是一顆定時炸彈。以「自救」為目的的諮詢師，其發展必然會受到限制——在最開始的階段，這也確實成了賀頓的限制。

也因為如此，賀頓的個人成長和事業成熟，比任何人都要緊密的聯繫在一起。對這種聯繫的極致追求，讓她始終無法學會如何平衡生命中的其他東西——愛、家庭、孩子……她為了事業而結婚，為了事業和自我救贖而找了情人，為了心無旁鶩的繼續諮詢事業而和情人一刀兩斷……所以，到最後，她沒能通過親密對孤獨的考驗，在感情上幼稚得像個孩子——這是童年陰影留下的永久創傷，也是成年的刻意迴避帶來的無法挽回的傷害。

賀頓的所有目標都集中在「生存」，所有奮鬥都著眼於事業，她畢生的目標都不是，甚至沒有想過要讓人格健全。從某種意義上來說，她缺乏社會興趣，有卓越情結；從另一種意義上來說，她到最終也沒有成為會愛、會被愛、擁有喜愛工作的完整的「人」。這反而像是從天堂到地獄的求死之路。

她像哺育孩子一樣哺育事業，此所謂生；也像摧毀敵人一樣摧毀自己，此所謂死。賀頓的一生都在求生，但她求生的方式決絕凜冽，對自己的獨立人格養成來說，近乎求死。也許正如佛洛伊德所說：「人的內心，既求生，也求死。我們既追逐光明，也追逐黑暗。我們既渴望愛，有時候卻又近乎自毀的浪擲手中的愛。人的心中好像一直有一片荒蕪的夜地，留給那個幽暗又寂寞的自我。」

賀頓最後留下的，也只有在天堂與地獄之間的一縷執念，而不幸的是，這往往也是我們每一個人都要面對的。

該作品以女心理師賀頓的成長經歷為主線，在她和丈夫、情人與心理權威之間錯綜複雜的情感關係中，穿插了若干諮詢者的精彩故事，深入探索了當代人的心理困惑及救贖突圍之路。女主角在極力拯救他人心靈的過程中，最終使自己的心靈被拯救。

MEMO——不要讓眼前的困境束縛住自己，不能相信當下的困境就是人的一生。

當瑪蒂達遇到精神分析

——從那盆綠蘿看

《終極追殺令》

每一個「像大人的孩子」終成為「像孩子的大人」

梁 燕

一個戴瓜皮帽的高個黑衣男人，一個戴頸鍊的短髮小女孩，和一盆綠蘿盆栽——這是《終極追殺令》給我的最初印象。

劇情與背景

里昂是一名義大利籍的職業殺手，小女孩瑪蒂達與他住在同一樓層。在女孩的家人因毒品糾紛被殺後，她的命運就與里昂緊密的牽扯在一起了。瑪蒂達成了孤兒，她請求里昂把她留在身邊。為了報仇，她讓里昂教她怎麼成為一名殺手，為了回報，她教里昂認字，兩個孤獨的人開始互相陪伴。某天，瑪蒂達無意間得知仇人史丹菲爾的地址後，獨自一人去報仇險些遇害，里昂回家得知瑪蒂達的計畫後趕去救了她。這也遭到了史丹菲爾的報復，他帶領無數員警包圍了里昂的住處。里昂只能一個人對抗外面的千軍萬馬，他砸破管道讓瑪蒂達帶著他的綠蘿逃生，最終自己與史丹菲爾同歸於盡……

這部電影從一九九四年上映以來就為大眾所熟知，很多人也自稱曾被里昂和瑪蒂達的故事深深打動。

其中一些人大概是因影片中純真、強烈的感情，或者說，因兩個孤獨無依的「孩子」而感動。另一些人則被殺手里昂深深觸動——殺手的形象本該是冷漠果敢的，偏偏這個穿著黑色大衣、戴瓜皮帽、黑色小圓框墨鏡的高大男人是個另類，他是如此木訥、孤獨與善良。他的殺人原則是「不殺女人，不殺孩子」；偌大的電影院裡他看著螢幕傻笑，試圖努力理解男女主角的愛情；牛奶是他每天必喝的飲料。影片中有兩處他把牛奶噴了自己一臉的鏡頭讓人忍俊不禁：一是瑪蒂達問他的名字，他答「里昂」，瑪蒂達評「可愛的名字」時；二是瑪蒂達回到家呈大字倒下休息時對他說：「里昂，我覺得我好像愛上你了。」

還有一些人（包括我）的感觸，來自瑪蒂達這個古靈精怪又讓人心疼的十二歲小女孩，也許是因為曾有過某些類似經歷，很能理解她的處境、感受，欣賞她的敢愛敢恨，也許是羡慕她遇到了「世界上最好的男人」……

關於瑪蒂達

瑪蒂達十二歲，她生活在紐約一個混亂的家庭中——母親很早就離開了她；父親是毒販，常以暴力對待她；有個同父異母的姐姐，對她態度很差，兩人常常發生口角；繼母也讓她很反感，且對她不聞不問。她在這個家中唯一的牽掛是她同父異母的弟弟，他很依賴瑪蒂達。

同時，瑪蒂達是個叛逆不羈的小女孩，她經常翹課、曠課，還吸菸，對生活很絕望。她時常抱著自己的玩具兔，喜歡看卡通。

精神分析視角下的人物分析

瑪蒂達有著與其年齡不符的成熟，很大程度上，這與她的生活經歷、生活環境有關。父親與好幾個女人結過婚，因此她沒有得到應有的母愛。當然，父愛也同樣沒有。父母混亂的職業與行為，同樣對她產生不好的影響。也許父親經常惹是生非，所以，當瑪蒂達看到父親被人威脅時也表現得見怪不怪。雖然表面上，瑪蒂達經常顯得很鎮定、果敢，但其實仔細分析，我們會發現這只是她在面對現實時不得已而擺出的態度——她的處境讓她常常處於焦慮的狀態，她必須做出防禦，才能讓自己免受傷害。

瑪蒂達沒有得到家人的關懷，沒有得到父愛、母愛，可是她還是個孩子啊，她需要愛與被愛，恰好她的弟弟是這個家裡唯一純潔的所在，所以她把這種對親密關係的渴望，轉移到了弟弟身上。包括後來她的家人尤其是弟弟死後，瑪蒂達再次失去了感情的寄託，此時里昂正好出現，她又一次把自己的感情轉移到了里昂身上。最後，當里昂也死後，她與他最緊密的聯結，只有那一盆盆栽，她把盆栽帶在身邊，好像那就是里昂。（**替代**——指個體把無法對某人或某事直接表達的負性情緒，轉移到另一個安全的人或事上去發洩。）

童年的瑪蒂達一直被父親當成出氣筒，無端責罵甚至毆打，但她無力改變什麼，還是要在這個家裡生活下去，只能壓抑自己對父親乃至這個家的負面情緒。（**壓抑**——指自我把意識所不能接受的衝動、情感和記憶，抑制到無意識層中。）

被父親打後，她偷偷坐在樓梯上吸菸，很明顯，這是一種替代的行為。她試圖通過吸菸轉移自己的注意，暫時麻痺自己。（**替代**）

被打後她再次遇見里昂，她揚起沾滿血的臉問他：「生活是否永遠艱辛，還是只有童年如此？」這一問，多少也能讓人體會到她對生活的絕望，她開始懷疑人生的價值。（**去聖化**——指個體由於受挫或受到欺騙，而懷疑美好事物的存在。）

里昂收留她後，看到她一直很傷心，想安慰她。而她卻顯得滿不在乎的說這沒什麼，即使別人不殺死她父親，總有一天她也會殺了他。她想讓自己看起來不那麼脆弱，更不想讓自己太過傷心從而受到傷害，因此這樣「合情合理」的解釋給自己聽。（**合理化**——指通過歪曲現實，達到保護自己自尊性的目的。）

在她想要學習當殺手，以及學習殺人時，也有一些有意思的地方。例如：一開始當她得知里昂是一個殺手後表示這很酷，而且還能去報仇，在她心目中這簡直是個完美的職業，她也想成為一名殺手。可是她沒有考慮過，殺手都是生活在社會邊緣的人，危險因素太大，隨時有可能喪命，而且就像影片後來講述的，長時間高強度單調的體能訓練，對她來說也是一項挑戰。（**白日夢**——個體終日沉湎於幻想之中，以至於對現實視而不見。）

有一次，她發現里昂執行任務時要戴上帽子，她好奇的問原因，里昂俏皮的回答：「感冒了就不好了。」出於對里昂這個頂尖殺手的崇拜，她也給自己弄了一頂相同樣式的小帽子，在里昂表示奇怪時，她模仿說：「感冒了就不好了」，著實讓人捧腹。（**認同**——指個體出於一定的動機，有選擇的模仿別人某些特徵，行為或風格。）

鑒於里昂在剛收留她的第二天，就表示自己無法把她帶在身邊，她可能認為里昂之所以想讓她離開，是因為他覺得她是小孩，無法勝任一個殺手的工作；而在她表達自己對里昂的愛意後，里昂認為她很天真，她覺得這也是因為自己年幼。面對被拋棄與被拒絕的恐懼，她盡量讓自己表現得像一個大人——里昂說應該留一些時間變成熟時，她馬上爭辯，稱自己已經夠成熟了。（**否定**——指個體在現實生活中遇到痛苦得難以接受的事情時，會在無意識中，對之加以拒絕或不承認。）

每次里昂回家開門時，她其實是在看卡通，但她會煞有介事的把電視切到大人才看的頻道，她不斷試圖向里昂證明自己真的是個大人了。（**反向**——指個體為了控制某些不被允許的衝動，而無意識的做出反方向的過度舉動。）

最讓人不忍的是，她知道里昂死後，抱著盆栽號啕大哭，她這時候裝大人還有什麼意義呢，除了哭，她不知道要怎麼表達自己的傷心。（**退化**——指個體倒退到兒時的幼稚狀態，以迴避現實危機和困難。）

最後，瑪蒂達來到一個可以安定下來的地方，把那盆綠蘿種在了泥土裡，決定開始新生活。里昂不在的事實已經無法改變，況且他用自己的生命，換得瑪蒂達的一生安寧，即使痛苦，也只能好好生活。幸好，還有里昂最好的朋友——這盆植物陪伴她。像一篇影評說的：「瑪蒂達終於和這個世界和解了」。（**昇華**——指個體將諸如性欲或攻擊這樣的內驅力，轉移到一些社會所接納的範圍內。）

至少我，還能擁抱我自己

自我對話，自我激勵，做個全程陪跑的自我訓練師

王培瑩

你有沒有過這種經歷？在自己哭得很傷心的時候努力告訴自己：「不許哭了」；在即將上臺演講時暗暗提醒自己：「不要緊張，一定可以成功」；不知道是否應該表白時問自己：「她喜歡我，她不喜歡我」？但是這樣自己和自己說話正常嗎？為什麼人會自己和自己說話呢？

什麼是自我對話

這種自己和自己的呢喃，叫做「自我對話」。自我對話是連接個體自我意識和外在行為的橋樑，通過自我對話，個體可以對行為進行計畫、監控和指導。自我對話可以出聲，也可以不出聲。換言之，自我對話是一種思考過程，把自己和他人區隔開。只要是和自己說話、提問，都是自我對話。

人為什麼會自我對話

自我對話大量產生於兒童學齡前階段。李夫・維高斯基（Lev Vygotsky）認為：兒童出聲的自我對話，來自兒童對成人言語的模仿。成人對兒童的語言，指導著兒童的行為，兒童模仿成人用語言來指導自己，進行自我反思與行為控制。這種語言使兒童與環境分離開，有助於兒童自我的形成並意識到自我。

已有大量研究證明：影響問題兒童的自我對話，是一種有效的干預技術。隨著兒童進入小學，自我對話的頻率會逐漸降低，最後被「不出聲的自我對話代替」。即使在我們長大成人之後，自我對話也是一種積極有效的指導方式。

自我對話可以顯著降低員工的工作壓力，增加運動員的表現。自我對話是引導我們適應社會生活的一種有效方式，只要不影響他人，且不對生活造成嚴重影響，都是正常的，甚至是有益的。

自我對話何時是有益的

在臨床心理學領域，學者也證明「負面自我對話」對於心境障礙的影響。個體因為負面事件而焦慮時，負面自我對話（自我批評、懊悔）會加重個體的負面情緒。但是積極的自我對話（自我表揚、自我鼓勵），則會有效緩解負面事件導致的負面情緒。

所以，自我對話不在於什麼時候、在哪裡說，而在於要給予自己積極的正能量。當你鼓勵、表揚自己時，真的能收穫積極的情緒，提升自己的表現。積極自我對話與消極自我對話的比率大約2：1最為合適，根據瑪麗塞西爾・貝托（Marie-Cécile Bertau）於二〇一二年的研究，消極自我對話比例過高與焦慮相關；積極自我對話比例過高可能與躁鬱症相關。但這並不意味著大家需要計算自我對話的頻率種類，而是我們可以有意識的與自己「積極對話」，但是不用強迫自己時時刻刻給予自己正能量，偶爾發個小脾氣還是很健康的。

所以，要表白的時候要告訴自己：她一定可以接受！雖然不一定美夢成真，但是你的表白一定更有自信、更深情！

CHAPTER 04

明明滅滅，曖昧不清
行旅於誕生與死亡的征途
游移在往事與臆測之間
最初我—現在我—未來我
每一天全新的自我
都是一段由虛妄試探真實的斑斕之路

我從哪裡來，
要到哪裡去

原生家庭，並不是一個結論

你腳下的土壤已成定局，但你可以去掙陽光、掙雨露

梁燕

常常會在某些時刻，看著這樣做事的自己，恍然覺得：這明明就是他們啊……

如果說一個人就像一棵枝椏交錯的樹，那麼它賴以生存的土壤，就是這個人的家庭環境，土壤的品質優劣，對樹木的成長有著至關重要的作用，家庭環境亦如此。

如果一定要把自己比做一種植物的話，我想我會是黃瓜。作家蕭紅曾經在一篇文章中寫過：「黃瓜願意開一朵花，就開一朵花，願意結一個瓜，就結一個瓜。若都不願意，就是一個瓜也不結，一朵花也不開，也沒有人問它……」。長大以後，很慶幸自己在家庭中最終能爭取到這樣的生活方式，之所以父母會在教養方式上不再專制，不再施加壓力、不再寄予很高的期望，一是因為我一直以來就很羸弱的身體狀態，二是因為曾經主動配合父母要求卻壓力過大，父母不忍見我整日在競爭與擔憂中掙扎，因此不再強求，不再過度安排。

這樣的變化，大概在高中時期表現得最為明顯：模擬考在即，怎麼也學不會生物的我整日心事重重，有一天因為生物習題，放棄了整個午睡時間，晚上和爸爸打電話時絕望的告訴他：「我覺得我可能真的學不會生物了，但是如果我考不到B，就連前幾志願都上不了了……」爸爸在電話那頭，大概真切的感受到了我的絕望與焦慮，他說：「沒關係，上不了前幾志願又怎樣，就算是上不了大學又怎樣，總會有別的出路的……」我知道他心裡其實並不這麼想，只是為了讓我安心，然而從這以後，就再也沒有任何對學業的強制約束。大學即將畢業，去向還遲遲未定，我發訊息給爸爸，面對渺茫未來的無助，在綠色氣泡的對話方塊裡蔓延，過了一會兒跳出來一則：「不用擔心，考不上就回家爸爸養妳。」

所以，我這樣一個人，可能才會一直把「隨遇而安」、「順其自然」，做為自己時常掛在嘴邊安慰自己和別人的話吧。

但寬鬆管教之外，我從小受傳統觀念、規矩的約束也頗深。

年幼時曾暗自埋怨太過嚴苛的餐桌禮儀和不講情面的爺爺，覺得他過於迂腐，太拘泥於形式，現在想來每一次被大聲呵斥，每一次被筷子打中手背，以及落進碗裡的委屈淚水，都是這樣值得紀念。

人常常會隨著年歲的增長，慢慢淡忘對傳統文化的敬畏之心，渴望掙脫規範的束縛，簡化一切繁蕪複雜的形式，試圖跳出形式的牢籠，卻不知這是怎樣一種背叛。慶幸我的身上還留有舊時「迂腐」的影子：吃飯前應該坐在與自己輩分相符的座位上，用雙手遞接碗筷，等所有人入座後再開動，碗筷勺避免碰撞發出響聲，湯水米粒不能灑到桌上，嘴裡吃著東西時不能說話，吃飯時左手扶碗、右手拿筷，吃完後示意其他人慢用，並把自己的碗筷送進廚房……總是問爺爺要這麼多繁文縟節是為什麼，他總回答沒有為什麼，他爸爸的爺爺這樣教他爸爸，他爺爺這樣教他，他爸爸這樣教我爸爸，所以他也這樣教我……

不僅是飯桌上，生活中也被教導要做一個會察言觀色的人：媽媽在洗衣服，年幼的我搖晃著走過去，悄悄在她身後放下一張凳子讓她坐下，爺爺只教了我一次，以後每一次我都會很自覺的這樣做。

長大以後再回頭看，這大概就是對言行的一種節制與自我約束，讓人守禮、相互尊重、關注細節，並且實踐前人的規範。

雖然說自我約束是必要且符合傳統的，雖然說爺爺過於嚴苛的要求對我大有裨益，然而在生活細節上，對自己的苛刻，往往會演變成對身邊其他人，尤其是親近之人不近情面的要求。後來我有了男朋友，時常因為餐桌上的小事而對他橫加指責，突然發現：原來自己變得跟爺爺一樣嚴厲，而我也早已繼承了小時候被筷子打出來的每一個規矩。

我在性格上貫穿的主線很像我的父親，沉默、敏感、感情豐富，但是常常不會溫和的表達。

有一次不小心手機關機一整天，父親擔心得不得了，放下所有工作飛速開車回家找我，但見到安然無恙的我後，他又只會氣急敗壞的擺出一副凶相吼我幾句……高考後的暑假，為了填志願，我幾乎沒有好好和父親說過話，因為兩人誰都不願意向對方妥協，所以每次都是剛開始心平氣和的談話，沒幾句就以摔門、冷戰結束，最後，他選擇妥協的方式，是通過傳訊息告知我。最後錄取結果正合我意，他發來一張照片，是一頓豐盛的晚餐和兩瓶啤酒，然後我父親破天荒的發了一個豬頭的表情說：「這下妳滿意了吧」……

其實他關心自己孩子的心思我都懂，然而這麼多年來，可能因為學業而使生活方式不斷改變的緣故，父親和我始終沒有找到合適的相處方式。就像一隻大刺蝟和小刺蝟，想靠近對方，卻每次都用刺來表達。

還記得電視劇《情深深雨濛濛》裡，依萍在奄奄一息時對何書桓坦白，她其實每一次說出狠話來把他氣走時，心裡是很盼望他能回頭的，但她固執驕傲的性格不允許她這樣說出來，因此，兩個人總是在互相傷害。當我長大後再看這一段，發現親密關係中的自己，也時常陷入類似的困境，總是期盼對方能看到芒刺背後的軟弱。

我常常想，母親和外婆大概是我所認識的人裡最好的兩個人了。慶幸的是，表面上的我，也學來一些她們的行為方式和處事態度。

晚上外送員送來外賣，我們家住六樓，樓梯間的燈壞了，他走的時候媽媽默默把門開著，光亮一直延伸，到外送員的腳步走遠她才把門關上。

在外婆家吃飯，外婆正在廚房忙碌，村裡一個遭人嫌棄、有智力障礙的人走到了門口呆呆的站著，沒有人理他，我清晰的記得：外婆盛了兩個剛炸好的獅子頭送給他吃。外婆在我心裡是冬日的暖陽。

因為小時候看在眼裡的這些點滴，教會我以謙和的姿態對待他人，不吝惜給別人送去溫暖的機會。玩了一款遊戲打發時間，卻接連輸得氣急敗壞，然後遇到一個對手，不斷向我示好，如果讓他能為他帶來很大利益，自己卻要損失一些排名，想想最後還是讓了，說不定下次我也會遇到和他同樣的境遇呢，沒想到，卻因此交到一個有趣的朋友。

因為性格特點，我對待家人時常採用對抗的姿態。從小就學成爸爸的樣子，不撒嬌、不顯示出懦弱，和媽媽吵架以後，即使很想和她妥協也不會說出來，大冬天只穿一件秋衣在家裡走動，希望以此得到她的關注並引起她的愧疚，這種方法每次也都會奏效，從媽媽輕輕的一聲「唉」中就能看出來。很多時候，媽媽就像溫暖的水，默默的融化我心裡堅硬的冰。

就家族關係而言，祖父母輩龐大的血緣網路至今仍在互通有無，因此從小過年過節，都被包圍在一張龐大的關係網中，親情對我而言，比普通的三代之家要熱鬧得多，家族對於血緣關係的重視，慢慢根植在我心中，即使去很遠的地方生活很久，仍然不敢丟掉這一份應有的牽絆。

家庭對我來說，是一片肥沃的土壤，是讓我攀爬的結實架子，是陽光、雨露，而我是這樣一株瓜苗。

當你內心強大，整個世界都會對你和顏悅色——《麻雀變公主》你從誰的夢裡醒來

自我投射的「幻影」正在「真實」的建構著你

蘇茹昕

「勇者並非無所畏懼，而是他們能夠判斷出還有比恐懼更重要的東西。愚勇不可取，故步自封則一點機會都沒有。從今起，你將踏上旅程，了解自己和自己的能耐，重點是你要自己完成它。」

公主的自我成長與救贖

在電影中，蜜亞本是生活在美國舊金山的一名普通高中生。她衣著普通，害怕上臺演講，常常被人忽視。但在她十六歲生日前，她的奶奶找到了她，並且告知她是另一個國家——捷諾維亞的公主，而她的父親不幸去世了，所以她擁有繼承權和統治權。

蜜亞一開始是驚訝、憤怒和抗拒，之後才漸漸嘗試去接受自己的身分，在外貌、儀態上都進行了改造，漸漸的像一個公主。但是因造型師的洩密，蜜亞的身分被提前公開，她喜歡的男生利用她，學校裡的女生嫉妒並陷害她……蜜亞陷入了尷尬。

經歷了這些，蜜亞開始成長、思考，但仍然對接受公主頭銜、統治國家感到恐懼和抗拒。最終是父親寫給她的信，讓她找到了信心，勇敢的面對未知的將來。

三重自我視角下的身分蛻變

現代自我心理學之父威廉・詹姆斯（William James）將自我分為了「物質自

我」、「社會自我」和「精神自我」。在這部電影裡，蜜亞的三個自我都發生了變化。在物質自我層面，她因為擁有了公主的身分，所以穿上了華麗的禮服，帶上了精緻的皇冠。而隨著媒體的曝光，她的社會自我也發生了極大的變化，在學校裡面，她因為公主身分，受到了與以往完全不同的待遇，從一個普通的學生，變成了備受關注的公眾人物。最後，她的精神自我也發生了一些變化，她變得更加勇敢，對自己的認識更加清晰。

然而，適應不同身分、產生新的自我意識，並不是一蹴而就的。蜜亞最初所做的改變都是被動的，她並沒有發自內心的接受公主的身分和職責。可能她甚至沒有意識到，自己性格中那些被別人抓住，但自己卻不是很了解的弱點，因此輕易相信了別人，並一再吃虧。當經歷了挫折後，她開始失落、自我懷疑，但在親人和朋友的幫助下，她從這種不舒服的體驗中獲得了成長。通過自我反思，她提升了自我意識，並學會了評估自己行為的恰當性。

另一方面，她的自我意識也漸漸從只關注自我，轉變到關注自己對他人的影響力。史丹利·霍爾（Granville Stanley Hall）強調，自我意識的兩個組成部分包括內部（認識自己的內心狀態）和外部（認識自己對他人的影響）。蜜亞除了更清楚認識自己的優勢和劣勢以外，也在朋友莉莉和父親引導下，認識自己做為公主對他人的影響力。也正是因為這一信念，蜜亞找到了成為公主的意義，獲得了站在講臺上的勇氣。在蜜亞蛻變的過程中，她變得愈來愈符合公主的身分。

在現實中尋找自我改變的勇氣

相信每個女孩心中都曾有個公主夢，夢想成為一個優雅的公主，有愛她的白馬王子……而這部影片則告訴我們：公主並非生來優雅，她們擁有的也並不只是坦途和幸福。正如影片中奶奶說的：「人們以為公主只是戴著皇冠，嫁給王子，幸福快樂的生活直到永遠。但不只如此，這是真正的工作。」公主的成長同樣是充滿挑戰、需要勇氣的。

在現實生活中，幾乎沒有人會在十五歲的時候，突然得知自己原來是一位尊貴的公主，需要改頭換面，去繼承一個國家。但是，我們或多或少會遇到與「公主」相似的情況。比如，我們也可能遇到父母工作發生變化，成為某一社團的負責人，進入職場等等。這意味著我們需要在原有身分上疊加新的身分，或者從一個身分轉變為另一個身分。一開始，我們也可能和蜜亞一樣，沒有準備好，對此感到不適和迷茫，甚至鬧出笑話。但當我們勇於接受「現實自我」與「應該自我」之間的差距，樂於走出自己的舒適區去嘗試、挑戰，真正行動起來，並善於從失敗中反思和汲取經驗時，我們就會在這一系列過程中，完成真正意義上的自我蛻變！

我繼承了爸媽的自尊

無論你骨子裡流著怎樣的血，都很尊貴

都漢彬

自尊可被遺傳

「自尊」是指個體對自我的情感性評價，是自我領域研究最多的課題之一。在眾多關於自尊的探討中，從行為遺傳學角度對自尊進行的研究，以其對自尊發生基礎的考察而獨樹一幟。雙胞胎研究是行為遺傳學的經典方法，通過比較同卵雙胞胎（Monozygotic twins，簡稱ＭＺ）和異卵雙胞胎（Dizygotic twins，簡稱ＤＺ）的行為相似度的差異，可以估算出遺傳和環境各自對行為的影響。同卵雙胞胎的基因完全一樣，而異卵雙胞胎的對偶基因相似度，平均為五十％。

「共用環境」是指每對雙胞胎共用的環境條件，包括家庭的社經地位、同一所學校、相同的老師等，都會使雙胞胎彼此更加相似。

「非共用環境」則指生活事件、疾病、朋友等每個個體特有的環境條件，不會增加雙胞胎之間的相似性，也是唯一導致同卵雙胞胎彼此不同的原因。非共用環境中還包括了測試誤差。

經典的雙胞胎研究，只包括共同成長的雙胞胎，一般假設共用環境對於共同成長的雙胞胎成員都是一樣的。因此，如果在某行為或特徵上，同卵雙胞胎比異卵雙胞胎更為相似（即相關更高），則說明該行為或特徵的個體差異受到遺傳影響，即具有遺傳性。

沒有誰能永遠陪在你身邊，給你永遠的依賴。即使是雙胞胎也各有自尊。

來自雙胞胎研究的證據

自尊的雙胞胎研究最早出現在一九九三年，早期的研究主要探討自尊本身是否可以遺傳，近年來研究者們開始考察自尊穩定性的遺傳基礎，以及自尊與其他特質共變關係的遺傳基礎。經過二十多年的發展，已經積累了相當數量關於自尊的雙胞胎研究。

自尊具有遺傳性的最有力證據，來自一項涉及三千七百九十三對十八到六十歲的雙胞胎研究，其結果不僅證實「遺傳」和「非共用環境」對自尊有顯著影響，而且發現影響男性和女性自尊的遺傳因素是相同的，遺傳效應只存在微弱的數量差異——男性遺傳度為二十九%，女性為三十二%。但以上研究為橫斷研究，被試者的年齡層涵蓋較廣，無法看出自尊的遺傳度是否隨年齡而變化。

近期兩項關於雙胞胎的追蹤研究顯示：自尊的遺傳性會隨著年齡而變化。一項芬蘭的雙胞胎縱向研究顯示：年齡增長的確會引起自尊遺傳度改變：十四歲時，男性的遺傳度為六十二%，女性的為四十%；十七歲時，男性和女性的遺傳度都有所下降，分別為四十八%和二十九%。

另一項美國的研究，對七百四十一對雙胞胎進行了為期七年的追蹤，結果發現：在青少年時期，自尊的個體差異有近一半是遺傳導致的，即十五歲時遺傳度為四十二．五%，十六．五歲時為四十五%；但是進入成年期後（平均年齡二十一．八歲），遺傳度減少到十三%。

尊敬一事無成的自己，就能有改變現實的力量。決不可妄自菲薄，那樣無異於將自己的行為與思想五花大綁。一切從尊敬自己開始。尊敬毫無經驗的自己，尊敬一無所成的自己，將自己當個人看。只要你尊敬自己，便會無法作惡，便會無法做出不配為人的輕蔑舉止。

——尼采《權力意志》

（*Der Wille zur Macht*）

批評是無用的，它激起抵觸，讓人急於辯白；

批評是危險的，它傷害自尊，甚至讓人萌生恨意。

——戴爾·卡內基《人性的弱點》

（*How to Win Friends & Influence People*）

自尊可遺傳性的文化與個體差異

上述研究都是在西方文化背景下完成的。二〇〇一年，日本學者首次在東方文化下考察了自尊的遺傳性，他們發現：日本青少年自尊的個體差異一半來自遺傳，一半來自非共用環境。二〇〇七年，學者們對另一批日本青少年雙胞胎進行了先後兩輪測驗（間隔一·三年），兩次均發現了顯著的遺傳效應：第一次的遺傳度為三十一％，第二次為四十九％。可見，東方文化下自尊的遺傳度和西方相近。但是，由於這兩項研究的樣本量較小，各自僅調查了八十一對和一百對雙胞胎，在一定程度上限制了結論的可信性。

為了對自尊的遺傳性有整體、量化的認識，我們對現有研究結果進行了一個簡單的元分析，現有結果顯示：隨著年齡增加，自尊的遺傳度會下降，一個可能的原因是環境影響的增加。另外，自尊的遺傳性存在性別差異，雖然影響男性和女性自尊的遺傳因素是相同的，但影響的程度不同，青少年時期，男性自尊的遺傳度高於女性；但成年後，男女遺傳度則比較接近。

不要隨隨便便同情失敗者，這會傷了他的自尊心。

——尾田榮一郎《海賊王》

MEMO ——

尊敬一事無成的自己，
就能有改變現實的力量。
決不可妄自菲薄。

如果可以再回到童年
——另一種親生《功夫熊貓2》

過去很重要，但未來更重要

王雲鵷

《功夫熊貓》是美國夢工廠以中國功夫為題材的系列動畫電影，一共三部，在全世界都大受歡迎。這個系列的動畫電影，對中國傳統文化的運用著實讓人歎為觀止，是我最喜愛的動畫系列之一。但是真正讓我如痴如醉的，並非它的中國風，而是其中蘊含對自我的哲理性思考，這一點主要展現在《功夫熊貓2》中。

從第一部《功夫熊貓》我們可以知道：熊貓阿波從小就被鵝阿爹收養，在鵝阿爹的麵館裡過著幸福安寧的生活，並且熱愛功夫的他，憑著機緣巧合和獨特天賦，成為受人敬仰的神龍大俠，保護著和平谷的安寧。但是到了第二部，一次打擊狼匪的經歷，偶然喚起了他一些童年記憶，讓他開始思考自己的身世，即「我是誰」的問題，但是鵝阿爹能告訴阿波的，只有他是在一個蘿蔔筐裡被發現的。

之後，阿波在前去宮門城打敗沈王爺的過程中，終於找到了答案：原來，在他還是一個小嬰兒時，沈王爺發現了用於製作煙花的火藥，可以用來製作威力無比的炸彈，可以打敗功夫、稱霸中原，羊仙姑預言沈王爺將來會被一個「黑白大俠」打敗，因而導致了熊貓村的滅頂之災。在逃亡之際，阿波的媽媽把他藏在一個蘿蔔筐裡，引開了追兵，才使他得以逃脫。

上述是《功夫熊貓2》的基本劇情，它其實包括兩條主線：一條是明線，即阿波和蓋世五俠一起打敗沈王爺；另一條是暗線，即阿波尋找自己身世的過程。也正是這條暗線，讓《功夫熊貓2》區別於第一部激動人心和熱血沸騰的風格，而擁有了跌宕起伏、婉轉細膩的情感深度，格外的耐人尋味，甚至當細細品味時，會不禁潸然淚下。

那麼對於阿波來說，困擾他的問題到底是什麼呢？或者說，所謂的身世或「我是誰」的問題，具體表現是什麼呢？

對於這樣一部角色都是動物的動畫電影來說，有一個問題其實是很有趣的，阿波知道自己是被收養的嗎？對於觀眾來說，這問題再簡單不過，阿波是一隻熊貓，而他的爸爸是一隻鵝，他當然是被收養的！在前兩部動畫中，有三處笑點的設置，就是建立在這樣一個看似很荒謬的事實上。但是對於阿波來說，其實他並不知道，因為當他在前往宮門城的船上，為自己的身世問題困擾不已、無法入睡時，悍嬌虎問他怎麼了，他說：「我剛發現我爸爸不是我的親爸爸。」

故事再往前一點點，當阿波正要離開和平谷前往宮門城時，鵝阿爹攔住了他，拿出好多有他們珍貴回憶的圖畫，勸他不要走，但是阿波說：「我必須走，我是神龍大俠，拯救功夫是我的責任。如果我不去，我成什麼了？」鵝阿爹立刻回答道：「你是我的兒子啊！」阿波突然變得不知所措。從這段劇情可以看出，阿波的自我概念，其實是有兩個身分構成：一個身分是鵝阿爹的兒子，另一個身分是神龍大俠。這兩個身分，其實就是阿波已經建立完成的自我認定，足以讓他在和平谷過幸福充實的生活。但是這種幸福，同時又似乎是脆弱不堪的，因為他的這兩個身分，在第二部劇情中要面臨毀滅性的挑戰。

當阿波的童年記憶剛被喚醒時，當他面對鵝阿爹的關心和挽留不知所措時，當他說出：「我剛發現我爸爸不是我的親爸爸」時，他就已經在懷疑他的第一個身分了，而一旦懷疑，便再難假裝一無所知。所以他不能留下，他必須離開鵝阿爹去尋找他的過去。這便是電影中的暗線設計。

至於他的第二個身分，當功夫高超、所向披靡的阿波，在面對沈王爺為了打敗功夫而專門製造的大炮，卻毫無還手之力時，當他被一炮打到天際，身受重傷，順著小河漂蕩無據時，這個身分也就自然跟著土崩瓦解了。這便是電影中的明線。阿波原本已經建立完成的自我認定，或者說自我認同，片刻之間分崩離析、灰飛煙滅，這是何等之痛！功夫大師交給阿波的任務是去拯救功夫，但是對於阿波來說，無論是尋找過去，還是打敗沈王爺，其實都只是一個任務——拯救自己。

只有破除原先兩個外界加給阿波的身分，他才開始了真正的自我探索。當他在熊貓村遺址回憶起了自己全部的童年經歷，當他終於找到內心的平靜，練成了足以打敗沈王爺的大炮、進而拯救功夫的太極時，他才真正接觸到了自我，一個全新的自我，既不再是鵝阿爹的兒子，也不再是神龍大俠，而是兩者的整合，是過去所有經驗的整合，與鵝阿爹的親密關係和成為神龍大俠的經歷，才真正的融為一體。於是，阿波不再有兩個身分，而是只有一個身分。所以，當羊仙姑再問他：「那麼，你是誰呢？」阿波只回答說：「我是阿波！」

但是，當原先的兩個身分整合完成之後，並不是說阿波從此以後就只是阿波，不再是其他身分，而是阿波重新建立起的自我認同，或者說身分認同，是基於對自己所有經驗的充分接納，是一種成熟、徹底、完善、和諧、核心的自我認同，這也就是第二部中反覆提到的「內心平靜」（Inner Peace）。有了這個自我認同核心，他便可以更從容的擔當其他任何身分。所以，當阿波回到家，重新見到鵝阿爹時，他對鵝阿爹說：「我知道我是誰了，我是您的兒子。」

在這部電影中，與阿波正好相對應的是沈王爺，他因為之前被父母趕出了宮門城而一直懷恨在心，當他被阿波打敗時，他困惑不解的問：「你是怎麼做到的？你是怎麼找到內心的平靜的？我讓你失去了父母，失去了一切，我讓你的心靈留下傷疤。」阿波回答說：「傷疤是會痊癒的。你應該放下過去，因為過去並不重要，唯一重要的是你現在選擇做什麼樣的人。」也正如羊仙姑之前對阿波所說：「你的身世雖然很不幸，但是這並不能決定你是誰。真正重要的是以後的故事，是你選擇成為誰。」

這部電影所秉持的自我觀，其實與佛洛伊德為代表、強調一個人的自我是由童年經歷（尤其是童年創傷）塑造的觀點截然相反，它所秉持的是強調個體的積極性和能動性、充滿希望的自我觀，這一點與人本主義的精神相契合。

如果可以回到童年，我想對自己說：你長大後也許會成為一名心理學家，所以，你現在經歷的一切都具有非凡的價值，它們會幫助你找尋心靈的本質，在找到心靈的本質之前，你首先要成為你自己。

MEMO ——

傷疤是會痊癒的。
你應該放下過去，
因為過去並不重要，
唯一重要的是
你現在選擇做什麼樣的人。

誰控制了過去，誰就控制了未來

——在《健忘村》攫取的禁臠

當心！你的「記憶」可被操控

王浩語

「誰控制了過去，誰就控制了未來。」喬治・歐威爾（George Orwell）的這句話，就是電影《健忘村》的最好說明。電影講述了一個關於記憶與自我的荒誕不經的故事。

故事分兩條線：一條線是有錢的財主員外發現村莊是一個風水寶地，村中有龍脈，於是聯合土匪準備屠村，霸佔村莊。但這並不是本文要講述的重點，重點是另外一條關於記憶的線：有一天，自稱「天虹真人」的田貴，手持寶器「忘憂」來到了這個村莊，寶器可以消除人們的記憶，幫助人們忘掉不快樂的事，所以叫做「忘憂」。這時剛好丁村長想要村民集資修鐵路，但是村民不同意，不願意出錢。

丁村長發現寶器可以消除人們的記憶，只要消除了村民的記憶，他就可以控制村民，讓他們集資修鐵路。沒想到丁村長反而中了田貴的圈套，導致全村莊的人都被消除了記憶，也失去了自我。田貴告訴村民自己是村長，是從土匪手中拯救了村莊的英雄。村民成了田貴的傀儡，被隨意編排為甲乙丙丁，每個人都只是一個簡單的代號，每天只是幫田貴在村中尋寶、挖寶藏。

村裡每個人就像行屍走肉一樣，完全不能稱做是人，而村裡最漂亮的女人——女主角秋蓉，則成了田貴的老婆。田貴控制了他們的記憶，他們的一切都是由田貴安排的，更有甚者，當大家感到饑餓而村裡又缺少糧食時，田貴就讓他們忘記自己沒有吃過飯，忘記自己的饑餓。田貴控制了村民的過去，也就控制了村民的未來。

影片的後半段，秋蓉看到了自己以前和心愛的人之間的來往信件，漸漸恢復了記憶，想起了發生的一切，她在記憶中重新找回自我，並且找到恢復記憶的辦法。秋蓉答應幫助村民恢復記憶，聯合村民推翻田貴的統治，但是在結尾，秋蓉並沒有兌現諾言，而是她再一次控制了村民，然後開始自己對這個村莊進行統治。

個體的自我，仰賴於個體自身的記憶。個體的「自傳式記憶」，是對於個人經歷的事件進行回憶的一種記憶，它有助於個體建立自我意識，提高個體在世界上堅持自我導向的能力，以及在過去經驗影響下，有效的解決問題、追求目標。自傳式記憶為自我的建立提供了基礎，並維持自我的連續性及心理動力方面的完整性。影片中的村民失去了自傳式記憶，對過去經驗的了解和回憶，全部來自於統治。他們每天都要被消除一次記憶，不能保存任何記憶，他們也就沒法建構自我，更不可能保持自我的連續性和心理動力方面的完整性，他們的自我，是由掌控他們記憶的統治者塑造的，所以他們是沒有自我的。

影片為了達到喜劇效果，劇情設計甚至連個體的生理反應，也可以通過記憶消除，例如：饑餓時消除記憶，大家就不用吃飯又去幹活了。我們都知道童年的經驗會大幅影響一個人的人生，童年經驗的影響，一部分來自我們對童年事件的記憶，另一部分來自我們無法回憶，但是已經內化為我們的道德的童年經驗。內化的道德感和社會風俗道德是相一致的，影片中的村民所有記憶都被消除了，他們已經無法回憶起過去的任何事件，整個社會的「集體記憶」也就被消除了。集體記憶同樣來自統治者，因此，童年經驗完全無法起作用。

雖然有研究顯示：維持自我的連續一致性，更仰賴個體連續的道德責任感，但是個體的道德責任感，依賴於整個社會的集體記憶。所以，當所有村民都失去了記憶，社會的道德也就無法存在，個體沒有了社會參照，就完全無法確定自己的道德，維持自我的一致性。

個體的記憶建構了自我，社會的記憶建構了社會道德。當我們只是失去自己的記憶時，我們還能以社會為參照，根據社會道德修正自己的行為，維持自我的一致性。但是當社會也失去了記憶，社會道德也就需要重新建構。誰控制了過去，誰就可以引導社會道德建構的方向，誰就可以控制未來。就像田貴或者秋蓉那樣，控制了村民的記憶，就控制了村民的過去；控制了村莊的記憶，就控制了村莊的過去，也就控制了村民和村莊的未來。

「過去我」的詮釋，「現在我」的救贖——以有色眼光看《沒有色彩的多崎作和他的巡禮之年》

用「新角度」來看待，故事就整個翻新了

唐東

從《沒有色彩的多崎作和他的巡禮之年》談起

某位心理學家說過：「兒童是成人之父。」

從教育的角度來看，大抵是在說童年教育的重要性，但從「自我」解讀的話，就不太一樣了——我們的童年塑造了我們的成年，現在的我從過去中誕生。

我們對「現在我」的存在認知，大概都能從「過去我」中找到原因。很多人都同意這樣的觀點：過去的負面環境和事件，塑造了現在的我們。但是事已發生，難道我們的人生就要一輩子被註定嗎？

這個答案，就讓我們先從村上春樹的一本書中來尋找吧。

《沒有色彩的多崎作和他的巡禮之年》講述了名為多崎作的青年在自殺前，決定尋找過去事件真相的故事。

多崎作有四個要好的玩伴——身材矮小但成績出類拔萃的赤松，體格健壯性格爽朗的青海，美麗文靜且彈得一手好琴的白根，以及活潑幽默的黑埜。他們的名字都帶有色彩，唯有主角多崎作的名字例外，為此，多崎作經常想，自己是否真的被需要？如果沒有自己，其餘四人會不會更加親密無間、快快樂樂的相處下去？

更何況，這樣一個三男兩女的圈子裡，如果彼此愛慕的話，總有一個人是要出局的，為了避免這個情況，五個人默契的達成共識，誰也不能對圈子中的兩個女孩——白和黑，有超過友誼的感情存在。

少男少女們保持著這種微妙的平衡關係，度過了他們的高中。

然而，在大二的時候，多崎作突然接到了來自青海的一通電話：「以後不要再聯繫了。」

不帶絲毫情感，就這樣，沒有任何原因自己便被拋棄了。

或許是與他們的羈絆太深，這樣被突然斬斷，對多崎作來說，好像是整個世界都消失了色彩一般。於是，便有了故事開篇那些與生死共舞的句子。

不知是幸運還是不幸，多崎作沒有在身邊找到那個正確通向死亡的大門。然而，在他成年以後，一個事件讓十六年前被夥伴拋棄的回憶重新襲來，明明滅滅、曖昧不清。以此為契機，多崎作終於踏上了探求往事之路。

人與人之間總要發生聯繫的，不向對方傾訴，也無法更客觀的直視自己的傷口，結局往往是自己在痛苦的沼澤中虛妄的掙扎，而無法被任何人救贖。意識到這一點的多崎作，也終於能在被拋棄的十六年後，向好友們傾訴了真實的自己，也了解了全部的真相。

在小說的結尾，黑埜向多崎作說的話更是觸動人心：「聽著，作，有一件事你要記住，你並不是缺乏色彩，那種東西僅僅是姓名而已，我們的確拿這件事來開過你的玩笑，可是全都沒有意義。其實，你是個無比優秀、色彩豐富的人，為了看我一眼，甚至還一個人坐飛機到芬蘭來。你什麼都不缺，你要有自信，要有勇氣，你需要的就是這兩樣。千萬別因為怯懦和無聊的自尊，失去了心愛的人。」

這番真相，和他所想像的過去不太一樣。

救贖，因為過去我的改變而改變。

那麼，現在，我們就來回答開篇提到的問題吧。我們的過去，就這樣決定了我們的現在嗎？我們對於改變無能為力嗎？

否。

我們對於「過去我」的認知，是存在於記憶裡的。在我看來，「過去我」不過是記憶中的一部分，記錄、保存、再現、回憶，這個流程會因為各種因素造成偏差，不同的人身上發生同一件事，他們定會以不同的流程將自己保存下來，形成「過去我」。

所以說，「過去我」並不是一個客觀的事物，而是主觀的認知——從這個主觀認知中誕生的「過去我」，就是今天想給大家談論的敘事身分。

敘事，是基於當下對過去的一種認知建構——對於過去的時間，我們選擇性的記住一些、選擇性的忘記一些、選擇性的模糊掉一些。

敘事身分，則是在解讀過去的自我時，形成了「我是什麼樣的人」的身分感。敘事身分主觀的講述過去事件，主觀的理解過去的自我與自我、與他人、與世界的關係，從而形成一套框架，使我們得以詮釋現在。

從這個角度出發，我們不難理解——歷史是可以重寫的。

■全新的過去——重新編排與詮釋

一個好的故事不僅可以治癒自己，還可以從中找尋自信和認同，透過令人愉悅、感動的故事，我們可以正視過去，重新找到面對煩惱現實的方法，並發展出一個繼續努力、正向發展未來的深層動機和強大動力。

因此，做出拯救的第一步，就是對「過去我」的重新解釋，形成一個全新的「敘事身分」。那麼，如何做出改變呢？你要認識以下幾個觀點：

（1）你≠問題

這一步幫助你意識到，問題的發生也許並不是你的過錯。很多小孩會將父母離婚歸因於自己的過錯，他們認為，自己才是問題本身。這樣的敘事風格，深深的影響著他們成年後的生活，他們變得過於苛責自己，從來不滿意於自身。當你認為問題在於自身時，不妨再仔細回憶一下當時的情境，將自己從中抽離出來，做為旁觀者去觀察它，嘗試發現自己所做的努力、他人給予自己的幫助，以及在這個過程中你的想法與感受。

（2）放下主流的文化量尺

個人問題的形成，很大程度上也與其所處的主流文化有關。主流文化體系塑造著人們的價值觀，例如「什麼樣的人才是成功」、「什麼樣的行為才是正確」、「什麼樣的生活才是生活」，趨於一致的社會觀念，壓抑了個體更加豐富的潛能。不妨拋棄這些概念，從內心重新審視你的結論。

（3）發現故事的新意義

從一個全新的角度來看待故事時，你或許會有不一樣的感受與解讀。形成新的角度有很多方法，例如：你可以對過去有一個積極的再認知——問問自己，我從這些過去中獲得了什麼？我的力量展現在哪裡？我掌控了哪些部分？也許剛開始形成對過去的新認知，是一個衝突的過程，但是這些都是正常的。改變習以為常的敘事風格，創造一個新的「過去我」，會創造出一個新的「現在我」，繼而改變對現在與未來的詮釋。

讓我們回到小說，我們不難發現：《沒有色彩的多崎作和他的巡禮之年》是一部有著心理學色彩的迷人作品，在現實盡頭藏著自我意識的魂，主角的巡禮，便是試圖從往事的餘燼中挖出幾分真實，形成一個新的「敘事身分」，找到讓此時此地的自己獲得存在意義的某種理由，完成對「過去我」的解讀和對「現在我」的救贖。

所以，並不是一切都消失在時間的長河裡了。我們要堅定的相信某種東西，擁有能夠堅定相信某種東西的自我，這樣的信念，絕不會毫無意義的煙消雲散。

最後，願每一個靈魂都能完成一場巡禮。

這一次，你要靠自己
——猶疑於《我和我的冠軍女兒》的愛與殘忍

除了你自己，所有的教練都只是一時的代課老師

劉 思佳

「爸爸不是每一次都會救你，這一次，你要靠自己。」

這是一部上映首日只有十三．三％排片率的勵志電影，卻在上映十天後排片量翻了一倍。我身邊的朋友說：「瞧，又是一部印度電影。」一直以來，從《三個傻瓜》開始，印度電影以其低廉成本和驚人票房，慢慢占據我們的視線，阿米爾．罕這個名字也慢慢深入人心。這值得我們思考：沒有炫酷的特效、華麗的衣著，印度電影何以成為票房黑馬？僅從一個觀影者的角度來說，如果要我說為何看一個2D電影都覺得津津有味，比某些美國大片更值回票價，那麼我覺得，大概是因為這些電影輕鬆搞笑的背後，往往令人回味無窮吧。

第一次看這部電影，是與被畢業壓得喘不過氣的室友們，抱著看一部輕鬆的電影的心情來放鬆一下的；第二次是陪著爸媽一起來看，這一次看到了更多細節，也有更多感觸。

電影講述一個真實的故事。印度冠軍摔跤手瑪哈維亞．辛格．珀戈特（Mahavir Singh Phogat，電影中的爸爸），在年輕時因生活所迫放棄摔跤，但心中仍一直保有為印度贏得世界級摔跤金牌的夢想，所以，他很希望能有個兒子繼承他的夢想與事業。然而他用盡了所有生兒子的祕方，最終還是接連成了四個女兒的父親。幾乎已經心灰意冷的他，因為一次偶然的機會，在大女兒和二女兒身上看到了摔跤的天賦，而後開始不顧所有人的眼光，培養自己的女兒一步一步成為世界級的摔跤手。

電影最後，爸爸對大女兒吉塔說出：「妳是我的驕傲。」在我看來，經過漫長的訓練和身心的成長，吉塔終於完成了從「為父親而戰」到「為自己而戰」的轉變。這不正與千千萬萬個我們相似的成長經歷嗎？女兒起初為了父親的理想而訓練，期間她們無數次的抱怨，請求爸爸不要再折磨她們了，甚至暗中使壞。她們一直認為自己是為了爸爸的理想，而受到這樣的折磨，直到一次偷偷跑去參加一場婚禮，聽到新娘訴說自己命運悲慘的一生，終於發現其實自己有這樣的爸爸，是何其幸運。這裡是一個轉捩點：她們開始認識到爸爸的嚴格要求，是出於對她們的愛，並不只是為了實現自己的夢想。後來，漸漸長大的姐妹二人，也開始愛上摔跤這項運動，從邦級冠軍一步步成為全國冠軍，並且進入了國家體育學院深造。而在學院學習期間，吉塔遭遇了運動生涯最為黑暗的一段歲月。由於教練無法掌握吉塔進攻的優勢，並且沒有什麼理想，只要求她們得三塊金牌就好，吉塔的優勢被掩蓋了，在不合適的訓練之下，吉塔遭遇了一次又一次的失敗。她變得麻木和消沉，直到妹妹的到來，讓她意識到爸爸才是她們永遠的港灣。在一次和爸爸的通話中，吉塔泣不成聲，也因此解開了心結，重整旗鼓。這裡又是吉塔摔跤生涯中的另一個轉折，她終於敢於面對自己的錯誤，重新認識爸爸才是真正了解並為自己好的人。這個時候的吉塔，摔跤已經不僅僅是為了實現爸爸的理想，而是她自己人生理想的一部分。但同時她又還沒有清楚的認識自己，還不能完全離開爸爸獨立。

直到最後的那場決賽，爸爸被黑心教練所騙，在吉塔最重要的比賽時被關了起來。此時場上的吉塔頻頻望向爸爸的座位，卻看不到爸爸的身影。吉塔彷彿失了定心丸一樣，得不到爸爸的支持和關鍵時刻的戰略指導，讓她在最後一局只剩十幾秒時落後四分之多。然而在這關鍵時刻，她回憶起小時候爸爸把她扔進水裡，並說：「爸爸不是每次都會救妳，這一次，要靠妳自己。」在這一刻，吉塔真正實現了為自己而戰的轉變，能夠真正靠自己實現自己的夢想。當印度國歌響起的那一刻，我相信電影院裡的很多觀眾都濕了眼眶。

人只有在真正了解自己，了解自己的追求，並為理想而努力的時候，才會真正變得成熟。不是每一次遭遇困難時都有人能伸出援手，這一次，我們只能靠自己。

從象徵意義上，片中爸爸就像每個人生命中富有智慧和力量的神，你每日認真生活和工作，就是對神最虔誠的禱告。「如果神沒有幫你，那是因為他相信你的力量！」

現實、理想與應該間的差距——從《追風箏的孩子》看自我拯救

踏上以「懦弱」對戰「心魔」的勇敢之路

王軼楠

我們每個人，或多或少，在年幼的時候，都做過一些讓自己今後感到羞愧的事，這些事可能如影子一般伴隨自己一生，讓你只能低著頭去看它。可是時光不會掉頭，自己盡力的彌補，何嘗不是一種自我拯救呢？

一本書：《追風箏的孩子》

這是一個機會，一個拋開罪惡感，重新找回那個善良純真的自我的機會……

二十世紀七〇年代，阿富汗，十二歲的阿米爾和他家的僕人哈山，兩個人是感情很深的好朋友。由於都對風箏有著難以抑制的喜愛，他們瞞著父母參加了鬥風箏大賽，其實，阿米爾是想給一直獨立撫養自己的父親一個驚喜。

然而這一切，都在他們最終贏得鬥風箏大賽之後被打得粉碎。鑒於阿米爾過於懦弱膽小，所以他眼睜睜看著哈山被一個來自普什圖族的暴徒殘忍的強暴，卻始終沒辦法付諸行動。兩人的友誼就此切斷，隨後阿米爾移民美國，帶著纏繞了自己一生的負罪感。

二〇〇〇年，已經功成名就成為知名作家的阿米爾，因為兒時揮之不去的夢魘和記憶，在良心上受到了難以忍受的折磨，所以，他毅然從舊金山回到充滿不可預料危機的阿富汗首都喀布爾——那個印記了兩個人之間一點一滴的城市。阿米爾決定面對自己的心魔，勇敢邁出走向救贖之路的第一步。他要正視長久以來困擾著自己的那些祕密，做最後一次大膽的嘗試，希望將一切都重新歸進正軌，找回那個被遺失在過去的自我。

二〇〇六年，《追風箏的孩子》由獲得過金球獎提名，並執導過《口白人生》、《尋找新樂園》和《擁抱艷陽天》的導演馬克．福斯特負責，將這部卡勒德．胡賽尼（Khaled Hosseini）創作的暢銷小說搬上大銀幕，他連同來自世界各國的演員和工作人員，再加上一些阿富汗和中亞地區本土的臨時演員，共同演繹了這個非常大眾化的人性故事，專門講給那些渴望著獲得第二次機會的人聽，希望以此帶來一些實質的改變，找到他們夢寐以求的寬恕。

一個作者：卡勒德．胡賽尼

胡賽尼，一九六五年生於阿富汗斯坦首都喀布爾市，後隨父親遷往美國。胡賽尼畢業於加州大學聖地牙哥醫學系，現居加州。他立志拂去蒙在阿富汗斯坦民眾面孔的塵灰，將背後靈魂的悸動展示給世人。

對於胡賽尼來說，《追風箏的孩子》大受歡迎，也引起了連鎖反應，給他帶來了極大的滿足感，胡賽尼說：「小說能夠引起這麼大的動靜，我多多少少還是有一點驚訝，但回頭想想，也就不難理解了。其實人們看重的，相信還是小說營造的那個強烈的情感氛圍，這裡講述的主題——罪行、友誼、寬恕、失去，以及對於彌補過失的欲望，都可以和你的切身經歷聯繫起來，可以讓你成為比想像中更好的那個人。這不是專屬於阿富汗的主題，而是有關人性之旅，無論什麼樣的種族、文化和宗教背景，都能接受它。」

一些摘錄

- 許多年過去了，人們說陳年舊事可以被埋葬，然而我終於明白這是錯的，因為往事會自行爬上來。
- 我們總喜歡給自己找很多理由去解釋自己的懦弱，總是自欺欺人的去相信那些美麗的謊言，總是去掩飾自己內心的恐懼，總是去逃避自己犯下的罪行。但事實總是：有一天，我們不得不坦然面對那些罪惡，給自己心靈予救贖。
- 我們在人生的不同時期，都曾不惜一切去追逐當下最執著想要得到的事物，它也許只是爸爸的專寵、兄弟的情誼、對那個一直暗戀的王子抑或公主的愛慕……所有的一切，都有可能成為我們那時心中的風箏，我們奔跑著，一直向前，眼中心裡想的都是它。可是當時光滾滾向前，我們是否發現，曾經執著追尋的、或為此放棄的，是否都是值得的呢？為了得到，我們曾選擇放棄、背叛、謊言、隱忍……可是那短暫的得到又怎麼樣呢，幸福和快樂只是慢慢的淹沒在自責、愧疚和恐懼中！

- 我們是否知道：我們心中的風箏到底在什麼地方？人生錯過就不會再得到，也許我們會懺悔，會救贖，但這些似乎都已經晚了，每當天空放飛起風箏的那一刻，我們是不是應該問問自己，我們是否真的珍惜所擁有的一切。

一種解讀

想用一種心理學理論來解讀一本如此受歡迎的書，其實是一件費力而不討好的事情。

書中故事的發生地在阿富汗，但是，文化、地域和年代的差異，並不影響我們對書中人物的情緒——恐懼、內疚、羞愧、悲傷、羞恥——感同身受般的熟悉。因為在每一段真正的成長歷程中，個體都不可避免的會遭遇「理想自我」、「應該自我」和「現實自我」間的衝突。通過解釋不同自我間的差距所可能導致的結果，「自我差異理論」為我們提供了一條可以更妥善了解自我、接納自我，解救自我的途徑。

自我差異理論認為，個體的自我概念包括以下三個部分：

- **現實自我（actual self）**：指個體自己或他人認為個體「實際具備」的特性表徵。
- **理想自我（ideal self）**：指個體自己或他人希望個體「理想上應具備」的特性表徵。

- **應該自我（ought self）**：指個體自己或他人認為個體「有義務或責任具備」的特性表徵。

理想自我和應該自我是引導現實自我的標準，當現實自我與這些標準有差異時，就會產生要減少這種差異的動機，這種動機，推動著人們努力達到現實自我與相關的自我標準相匹配的狀況。

每種類型的自我差異，反映了一種特定類型的消極心理情境，而這種特定類型的消極心理情境，又與特定的情緒問題相關聯。具體的說，現實自我與理想自我有差異，表示沒有達到自己的理想狀態，反映了「積極的結果沒有出現」的消極心理情境，這種心理情境會導致沮喪類情緒，如抑鬱、失望、挫折感、羞恥等。現實自我與應該自我的差異，表示沒有盡到自己的責任或者義務，這將預示著「消極結果的出現」，這種心理情境會導致焦慮類情緒。

在《追風箏的孩子》這本書中，困擾男主角多年的煩惱，既來自現實自我和應該自我之間的差距：不應該對朋友的遭遇置若罔聞，更不應該因為自己一時的怯懦無能，而加倍嫌棄不幸的朋友；也有源自個人英雄主義情結的現實自我和理想自我之間的差距。

作者通過在「親密無間－拒絕疏離」、「無條件信任－無情背叛」、「不堪回首－念念不忘」之間形成鮮明的對比和反差，將男主角內心的糾結和痛苦，清晰的呈現在讀者面前。而通過男主角最終成功的自我救贖，讓每個讀者彷彿也消除了一次自己內心曾經的悔恨與不堪。

雖然我們每個人和男主角一樣，都或多或少擁有一些不堪回首的往事，我們卻往往難以（或有機會）成功的達成自我救贖。事實上，如果我們能夠正視並接受現實自我和理想自我、應該自我之間的差距，並願意心平氣和去處理三者間的衝突，我們就已經開始在時時刻刻救贖自己了。

- Alicke, M. D., & Sedikides, C. (Eds.). (2010). Handbook of self-enhancement and self-protection. Guilford Press.
- American Psychiatric Association DSM-Task Force Arlington VA US. (2013). Diagnostic and statistical manual of mental disorders: dsm-5™ (5thed.). Codas, 25(2), 191.
- April Bleske-Rechek et.al. (2014). Face and Body: Independent Predictors of Women's Attractiveness. Arch Sex Behav, 43:1355–1365.
- Ashforth, B. E., Kreiner, G. E., & Fugate, M. (2000). All in a day's work: boundaries and micro role transitions. Academy of Management Review,25(3), 472-491.
- Baumeister, R. F., Campbell, J. D., Krueger, J. I., & Vohs, K. D. (2003). Does high self-esteem cause better performance, interpersonal success, happiness, or healthier lifestyles? Psychological Science in the Public Interest, 4, 1–44.
- Bem, S. L. (1981). Gender schema theory: A cognitive account of sex typing. Psychological review, 88(4), 354.
- Boroditsky, L., Fuhrman, O., & McCormick, K. (2010). Do English and Mandarin speakers think differently about time? Cognition, 118, 123-129.
- Brinthaupt, T. M., Hein, M. B., & Kramer, T. E. (2009). The self-talk scale: development, factor analysis, and validation. Journal of Personality Assessment, 91(1), 82-92.
- Brummelman, E., Thomaes, S., & Sedikides, C. (2016). Separating narcissism from self-esteem. Current Directions in Psychological Science, 25(1), 8-13.
- Bye, H. H., Sandal, G. M., van de Vijver, F. J., Sam, D. L., Çakar, N. D., & Franke, G. H. (2011). Personal Values and Intended Self–Presentation during Job Interviews: A Cross–Cultural Comparison. Applied Psychology, 60(1), 160-182.
- Chang, E. C., Asakawa, K., & Sanna, L. J. (2001). Cultural variations in optimistic and pessimistic bias: Do Easterners really expect the worst and Westerners really expect the best when predicting future life events?. Journal of Personality and Social Psychology, 81(3), 476-491.
- Christopher Leone & Louanne B. Hawkins. (2006). Self-monitoring and close relationship. Journal of Personality,74(3), 739-778.
- David De Cremer, Mark Snyder, & Siegfried Dewitte. (2001). 'The less I trust, the less I contribute (or not)?' The effects of trust, accountability and self-monitoring in social dilemmas. European Journal of Social Psychology,31, 93-107.
- Deri, S., Davidai, S., & Gilovich, T. (2017). Home alone: why people believe others' social lives are richer than their own. Journal of Personality & Social Psychology, 113(6), 858.
- Merdin-Uygur, E., Sarial-Abi, G., Gurhan-Canli, Z., & Hesapci, O.. (2018). How does self-concept clarity influence happiness in social settings? the role of strangers versus friends. Self and Identity, 1-24.
- Frazier, L. D., Hooker, K., Johnson, P., & Kaus, C. (2000). Continuity and change in possible selves in later life:

a 5-year longitudinal study. Basic and Applied Social Psychology, 22, 237–243.
- Frederick, D. A., Hadji-Michael, M., Furnham, A., & Swami, V. (2010). The influence of leg-to-body ratio (LBR) on judgments of female physical attractiveness: Assessments of computer-generated images varying in LBR. Body Image, 7, 51–55.
- Giles, J. W., & Heyman, G. D. (2005). Young children's beliefs about the relationship between gender and aggressive behavior. Child development, 76(1), 107-121.
- Green, B. L., & Kenrick, D. T. (1994). The attractiveness of gender-typed traits at different relationship levels: Androgynous characteristics may be desirable after all. Personality and Social Psychology Bulletin, 20(3), 244-253.
- Greenwald, A. G., & Banaji, M. R. (1995). Implicit social cognition: attitudes, self-esteem, and stereotypes. Psychological Review, 102(1), 4-27.
- Holtgraves, T. (2015). I think i am doing great but i feel pretty bad about it: affective versus cognitive verbs and self-reports. Pers Soc Psychol Bull, 41(5), 677-686.
- Johnson, H. D., McNair, R., Vojick, A., Congdon, D., Monacelli, J., & Lamont, J. (2006). Categorical and continuous measurement of sex-role orientation: differences in associations with young adults' reports of well-being. Social Behavior and Personality: an international journal, 34(1), 59-76.
- Johnston, V.S. and Oliver-Rodriguez, J.C. (1997). Facial beauty and the late positive component of event-related potentials J. Sex Res. 34, 188–198
- Kernis M. H. (2003). Toward a conceptualization of optimal self-esteem. Psychological Inquiry, 14(1): 1~26
- Knox M, et al. (1998). Adolescents' Possible Selves and their Relationship to Global Self-esteem. Sex Roles, 39(1): 61-80.
- Lefkowitz, E. S., & Zeldow, P. B. (2006). Masculinity and femininity predict optimal mental health: A belated test of the androgyny hypothesis. Journal of personality assessment, 87(1), 95-101.
- Leondari, A. (2007). Future time perspective, possible selves, and academic achievement. New Directions for Adult and Continuing Education, (114), 17-26.
- Linton, R. (1936). The study of man: an introduction. Oxford, England: Appleton-Century.
- Manzur, L., & Jogaratnam, G. (2007). Impression management and the hospitality service encounter: Cross-Cultural differences. Journal of Travel & Tourism Marketing, 20(3-4), 21-32.
- Mark Snyder & Steve Gangestad. (1982). Choosing social situation: Two investigations of self-monitoring process. Journal of personality and social psychology,43(1):123-135.
- Markus H., & Nurius P. (1986). Possible Selves. American Psychologist, 41(9):954-969.
- Martin, C. L., Ruble, D. N., & Szkrybalo, J. (2002). Cognitive theories of early gender development. Psychological bulletin, 128(6), 903-933.
- Marusic, I., & Bratko, D. (1998). Relations of masculinity and femininity with personality dimensions of the five-factor model. Sex Roles, 38(1-2), 29-44.
- Marzia D. Z., Alan J. P. (2017) Electrophysiological evidence of perceived sexual attractiveness for human

female bodies varying in waist-to-hip ratio. Cognitive Affect Behavior Neuroscience17:577-591
- Mayer, N. D., & Tormala, Z. L. (2010). 「Think」 versus 「feel」 framing effects in persuasion. Personality and Social Psychology Bulletin, 36, 443-445.
- McAdams, D.P. (1995). What do we know when we know a person?. Journal of Personality. 63 (3): 365–395.
- Mead, G.H. (1935). Mind, self, and society from the standpoint of asocial behaviorist. Philosophy, 10(40), 493-495.
- Meichenbaum, D. H., & Goodman, J. (1971). Training impulsive children to talk to themselves: a means of developing self-control. Journal of Abnormal Psychology, 77(2), 115.
- Millman, Z., & Latham, G. (2001). Increasing reemployment through training in verbal self-guidance. In M. Erez, U. Kleinbeck, & H. Thierry (Eds.), Work motivation in the context of a globalizing economy (pp. 87-97). Mahwah, NJ, US: Lawrence Erlbaum Associates Publishers.
- Murray, S. L., Holmes, J. G., & Griffin, D.W. (1996). The self-fulfilling nature of positive illusions in romantic relationships: love is not blind, but prescient. Journal of Personality& Social Psychology, 71(6), 1155.
- Murray, Sandra L, Holmes, John G, & Griffin,Dale W. (1996). The benefits of positive illusions: idealization and the construction of satisfaction in close relationships. Journal of Personality and Social Psychology, 70(1), 79-98.
- Nakamura, K. et al. (1998) Neuroanatomical correlates of the assessment of facial attractiveness Neuro Report 9,753–757
- Oliver-Rodriguez, J.C., Guan, Z. and Johnston, V. S. (1999) Gender differences in late positive components evoked by human faces Psychophysiology36, 176–185
- Oyserman D, & James L. (2009). Possible Selves: From Content to Process. In Markman K D. Klein W M P, Suhr J A. (Eds). Handbook of Imagination and Mental Simulation, Psychology Press Taylor & Francis Group: New York. 2009:373-394.
- Perrett, D. I., Lee, K. J., Penton-Voak, I. S., Rowland, D. R., & Akamatsu, S. (1998). Effects of sexual dimorphism on facial attractiveness. Nature, 394(6696), 884-887.
- Perett, D.I., May, K.A. and Yoshikawa, S. (1994) Facial shape and judgements of female attractiveness. Nature, 368, 239–242
- Rau, P.L. P., Gong, Y., & Zhuang, C. P. (2016). Pretty Face Matters: Relative Importance of the Face and Body Attractiveness in China. Psychology, 7, 1034-1042.
- Renn, J. A., & Calvert, S. L. (1993). The relation between gender schemas and adults' recall of stereotyped and counter stereotyped televised information. Sex Roles, 28(7-8), 449-459.
- Satoru Kiire. (2016). Effect of Leg-to-Body Ratioon Body Shape Attractiveness. Arch Sex Behav, 45:901–910.
- Sinclair, S., & Carlsson, R.. (2013). What will i be when i grow up? the impact of gender identity threat on adolescents" occupational preferences. Journal of Adolescence, 36(3), 465-474.
- Stinson, D. A., Cameron, J. J., Wood, J., Gaucher, D., & Holmes, J. G. (2009). Deconstructing the 「reign of error:」 A risk-regulation account of the self-fulfilling prophecy of acceptance. Personality and Social

Psychology Bulletin, 35, 1165–1178.
- Swami, V., Einon, D., & Furnham, A. (2006). The leg-to-body ratio as a human aesthetic criterion. Body Image, 3, 317–323.
- Unemori, P., Omoregie, H., & Markus, H. R. (2004). Self-portraits: possible selves in European- American, Chilean, Japanese and Japanese-American cultural contexts. Self and Identity, 3, 321–338.
- Valdesolo, P., & Desteno, D. (2008). The duality of virtue: deconstructing the moral hypocrite. Journal of Experimental Social Psychology, 44(5), 1334-1338.
- Von Hippel, W., Von Hippel, C., Conway, L., Preacher, K. J., Schooler, J. W., & Radvansky, G. A. (2005). Coping with stereotype threat: denial as an impression management strategy. Journal of personality and social psychology, 89(1), 22.
- Whelan, J. P., Mahoney, M. J., & Meyers, A. W. (1991). Performance enhancement in sport: a cognitive behavioral domain. Behavior Therapy, 22(3), 307-327.
- White M., Epston D., Wu R.X. (2013). 故事、知識、權力：敘事治療的力量（廖世德譯）。上海：華東理工大學出版社。
- William H. Turnley, & Mark C. Bolino. (2001). Achieving Desired images while avoiding undesired images: Exploring the role of self-monitoring in impression management. Journal of Applied Psychology,86(2):351-360.
- William Ickes, Renee Holloway, Linda L. Stinson, & Tiffany Graham Hoodenpyle. (2006). Self-monitoring in social interaction: The centrality of self-affect. Journal of Personality,74(3):659-684.
- Zaidman, N., & Drory, A. (2001). Upward impression management in the work place cross-cultural analysis. International Journal of Intercultural Relations, 25(6), 671-690.
- 蔡華儉、黃玄鳳、宋海榮（2008 年）。性別角色和主觀幸福感的關係模型：基於中國大學生的檢驗。心理學報，40(4), 474-486。
- 村上春樹（2013 年）。沒有色彩的多崎作和他的巡禮之年。海南：南海出版公司。（台灣版：沒有色彩的多崎作和他的巡禮之年，時報出版）
- 丹尼爾．凱斯（2015 年）。24 個比利。外語教學與研究出版社。（台灣版：24 個比利，皇冠出版）
- 方平、馬焱、朱文龍、薑媛（2016 年）。自尊研究的現狀與問題。心理科學進展，24(9), 1427-1434。
- 貴志介（2003 年）。第十三種人格的恐怖。北京：中國電影出版社。（台灣版：貴志祐介（2001 年），第十三個人格，台灣角川出版）
- 賈磊、祝書榮、張常潔、張慶林（2016 年）。外顯與內隱刻板印象的分散式表徵及其啟動過程——基於認知神經科學視角的探索。心理科學進展，24(10), 1519-1533。
- 鞠紅霞（2002 年）。關於自我監控性的研究綜述。社會科學家，17(1):72-75。
- 李雪英（1999 年）。PTSD 的認識理論及認知行為治療。中國臨床心理學雜誌，1(2):125-128。
- 劉娟娟（2006 年）。印象管理及其相關研究述評。心理科學進展，14(2), 309-314。
- 劉莉（2012 年）。女性管理者的性別角色與人格特徵關係研究（博士學位論文，西南財經大學）。
- 劉肖岑、桑標、竇東徽（2011 年）。人際／非人際情境下青少年外顯與內隱的自我提升。心理學報，43(11), 1293-1307。

- 潘益中、許燕（2011 年）。脆弱高自尊在自我威脅後的歸因與情緒轉換。心理科學 (1)，166-171。
- 田錄梅、張向葵（2006 年）。高自尊的異質性研究述評。心理科學進展，14(5), 704-709。
- 王仁華、王忠軍（2017 年）。自我同情：聚焦自我的應對策略。心理研究 (6)，9-18。
- 王瑋（2007 年）。積極錯覺在戀愛關係中的形成機制及作用。（博士學位論文，河北師範大學）。
- 吳麗麗（2014 年）。脆弱型高自尊大學生對人際評價資訊的注意偏向。（博士學位論文，遼寧師範大學）。
- 徐海玲（2007 年）。自我概念清晰性和個體心理調適的關係。心理科學，30(1), 96-99。
- 徐雪萍（2010 年）。自我對話量表的編制與實測。（博士學位論文，西南大學）。
- 楊福義, 梁寧建（2007 年）。內隱自尊與外顯自尊的關係：多重內隱測量的視角。心理科學，30(4), 785-790。
- 楊琳、孫炳海（2014 年）。自我同情研究述評。心理技術與應用，(4), 8-11。
- 楊榮華、陳中永（2008 年）。自我差異研究述評。心理科學，31(2), 411-414。
- 楊曉慧（2011 年）。脆弱型高自尊個體的認知加工及其情感反應特點。（博士畢業論文，寧波大學）。
- 于文華、喻平（2011 年）。個體自我監控能力、思維品質與數學學業成績的關係研究。心理科學，34(1):141-144。
- 張麗華、曹杏田（2017 年）。脆弱型高自尊研究：源起、現狀與展望。遼寧師範大學學報（社會科學版），40(6), 1-6。
- 張林、張向葵、譚群（2017 年）。不同類型高自尊個體在受威脅情境下對社交線索的認知特點。遼寧師範大學學報（社會科學版），(6), 7-15。
- 鄒萍（1999 年）。女大學生性別角色雙性化及其影響因素的研究。大連大學學報，20(3), 67-71。

0AHT4031 心靈方舟

為何人情世故總讓你心累？：勇敢表達情緒，好好做自己

（原書名：我還能變好嗎？——自我心理學讓你好好做自己）

作者　王軼楠
封面設計　Encre Design
內文設計　王氏研創藝術中心
責任編輯　宋方儀（初版）、唐芩（二版）
行銷主任　許文薰
總編輯　林淑雯

讀書共和國出版集團

社長　郭重興
發行人兼出版總監　曾大福
業務平臺總經理　李雪麗
業務平臺副總經理　李復民
業務部專案企劃組經理　蔡孟庭
業務部專案企劃組經理專員　盤惟心
實體通路協理　林詩富
網路暨海外通路協理　張鑫峰
特販通路協理　陳綺瑩
印務部　江域平、李孟儒、黃禮賢
出版者　方舟文化
發行　遠足文化事業股份有限公司
231 新北市新店區民權路 108-2 號 9 樓
電話：（02）2218-1417
傳真：（02）8667-1851
劃撥帳號：19504465
戶名：遠足文化事業股份有限公司
客服專線　0800-221-029
Email　service@bookrep.com.tw
網站　www.bookrep.com.tw
印製　東豪印刷事業有限公司　電話：（02）8954-1275
法律顧問　華洋法律事務所　蘇文生律師
定價　380 元
初版一刷　2021 年 5 月
二版一刷　2022 年 8 月

方舟文化官方網站

方舟文化讀者回函

國家圖書館出版品預行編目（CIP）資料

為何人情世故總讓你心累？：勇敢表達情緒，好好做自己／王軼楠編著．-- 二版．-- 新北市：方舟文化出版：遠足文化事業股份有限公司發行，2022.08
面；　公分．--（心靈方舟；AHT4031）
ISBN 978-626-7095-50-8（平裝）

1.CST: 自我心理學

173.75　　111007984